中华经典导读

李开振 / 编著

河南大学出版社
·郑州·

图书在版编目（CIP）数据

中华经典导读 / 李开振编著 . -- 郑州：河南大学出版社，2023.10
ISBN 978-7-5649-5648-6

Ⅰ.①中… Ⅱ.①李… Ⅲ.①中华文化 – 通俗读物 Ⅳ.①K203-49

中国国家版本馆 CIP 数据核字 (2023) 第 194778 号

中华经典导读
ZHONGHUA JINGDIAN DAODU

责任编辑	时　海
责任校对	李　云
封面设计	马　龙

出版发行	河南大学出版社
地　址	郑州市郑东新区商务外环中华大厦 2401 号
邮　编	450046
电　话	0371-86059701（营销部）
网　址	hupress.henu.edu.cn
排　版	河南大学出版社设计排版部
印　刷	郑州印之星印务有限公司
版　次	2023 年 10 月第 1 版
印　次	2023 年 10 月第 1 次印刷
开　本	890 mm×1240 mm　1/32
印　张	10.5
字　数	200 千字
定　价	29.00 元

版权所有・侵权必究
本书如有印装质量问题，请与河南大学出版社营销部联系调换。

目 录

一 经部

《周易》..................3

《尚书》..................6

《诗经》..................8

《周礼》..................11

《仪礼》..................13

《礼记》..................16

《春秋左氏传》..................18

《春秋公羊传》..................20

《春秋穀梁传》..................22

《孝经》..................24

《尔雅》..................27

《论语》……29
《孟子》……31
《大学》……33
《中庸》……36
《说文解字》……38

二 史部

《史记》……43
《汉书》……46
《后汉书》……48
《三国志》……50
《晋书》……52
《宋书》……54
《南齐书》……56
《梁书》……58
《陈书》……60

《魏书》...... 62

《北齐书》...... 64

《周书》...... 65

《隋书》...... 67

《南史》...... 70

《北史》...... 72

《旧唐书》...... 74

《新唐书》...... 76

《旧五代史》...... 79

《新五代史》...... 81

《宋史》...... 83

《辽史》...... 85

《金史》...... 87

《元史》...... 90

《明史》...... 92

《新元史》...... 94

《清史稿》...... 97

《国语》...... 99

《战国策》...............101

《资治通鉴》...............103

《水经注》...............105

《徐霞客游记》...............108

《山海经》...............111

《大唐西域记》...............113

《东京梦华录》...............115

三 子部

1 | 儒家

《荀子》...............121

《传习录》...............123

《近思录》...............126

2 | 道家

《道德经》...............129

《列子》...............132

《庄子》...............135

《淮南子》..................137

3 | 法家
　　《管子》..................140
　　《慎子》..................142
　　《韩非子》..................144

4 | 墨家
　　《墨子》..................147

5 | 纵横家
　　《鬼谷子》..................150

6 | 兵家
　　《孙子兵法》..................153

7 | 杂家
　　《吕氏春秋》..................156
　　《论衡》..................158
　　《抱朴子》..................160

8 | 农家
　　《氾胜之书》..................162

9 | 历数
《九章算术》..................164

10 | 医家
《黄帝内经》..................166
《神农本草经》..................169
《伤寒杂病论》..................171
《本草纲目》..................173

11 | 科技
《梦溪笔谈》..................176
《营造法式》..................178
《天工开物》..................180
《茶经》..................182
《酒经》..................184

12 | 释家
《金刚经》..................186

13 | 类书
《永乐大典》..................188

14 | 蒙学

《三字经》..................191

《百家姓》..................193

《千字文》..................195

《千家诗》..................197

《声律启蒙》..................199

《增广贤文》..................201

《颜氏家训》..................202

四 集部

1 | 小说

《西游记》..................207

《水浒传》..................210

《三国演义》..................213

《红楼梦》..................216

《搜神记》..................220

《封神演义》..................223
《金瓶梅》....................225
《聊斋志异》..................227
"三言"......................229
"二拍"......................232
《儒林外史》..................234
《博物志》....................237
《阅微草堂笔记》..............239
《镜花缘》....................241
《世说新语》..................243
《酉阳杂俎》..................245
《太平广记》..................247

2 | 总集选集

《海内十洲三岛记》..........250
《楚辞》......................252
《唐诗三百首》................255
《古文观止》..................257
《昭明文选》..................260

《乐府诗集》……263

《全唐诗》……265

《全宋词》……267

3 | 别集

《曹子建集》……270

《陶渊明集》……272

《韩昌黎集》……274

《柳河东集》……277

《欧阳文忠公集》……280

《苏东坡全集》……283

《剑南诗稿》……287

《王阳明全集》……290

《日知录》……293

4 | 戏曲

《西厢记》……295

《窦娥冤》……298

《牡丹亭》……300

《琵琶记》……303

《桃花扇》..............305

《长生殿》..............308

5 | 文论

《文心雕龙》..........311

《诗品》..............314

《二十四诗品》........317

《六一诗话》..........319

《人间词话》..........321

一 经部

文化传承探宝

趣味测试
领略经典文化魅力

国学精读宝典

深入解读
带你掌握国学精髓

经典文化题库

答题闯关
助你夯实文化基础

口袋电子书架

便捷体验
随时随地在线阅读

中华经典云上藏书阁

品读典籍智慧，弘扬优秀文化

《周易》

·历史地位·

"上古三大奇书"(《周易》《黄帝内经》《山海经》)之一,"三玄"(《周易》《老子》《庄子》)之一,"五经"(《诗经》《尚书》《礼记》《周易》《春秋》)之一,"十三经"(《周易》《尚书》《诗经》《周礼》《仪礼》《礼记》《春秋左传》《春秋公羊传》《春秋榖梁传》《孝经》《论语》《孟子》《尔雅》)之一,我国第一部哲学原典,中国传统思想文化中自然哲学与人文实践的理论根源。

·作者简介·

相传《周易》为周文王姬昌所作。姬昌(约前1152~约前1056),姬姓,名昌,岐周(今陕西省岐山县)人。周朝奠基者,周太王之孙,季历之子,周武王之父,又称周侯、西伯、姬伯,原为商朝诸侯,封西伯。能敬老慈少,礼贤下士,贤者投奔。商纣暴虐,他知而叹惜,被囚于羑(yǒu)里(《史记·报任安书》"文王拘而演周易")。归周后,得诸侯拥护,归者甚众。享年97岁,葬于毕原（在今陕西省咸阳市、西安市附近渭水南北岸）。

· 内容简介 ·

《周易》即《易经》，内容包括《经》和《传》两部分：《经》主要是64卦和384爻，卦和爻各有说明（卦辞和爻辞），用来占卜；《传》包含解释卦辞和爻辞的7种文辞共10篇，称为《十翼》。春秋时期，官学开始逐渐演变为民间私学。易学前后相因，递变发展，百家之学兴，易学乃随之发生分化。自孔子赞《周易》以后，《周易》被儒门奉为儒门圣典、六经之首。儒门之外，有两支易学与儒门易并列发展，一为筮术易；另一为老子的道家易。易学开始分为三支。《四库全书总目》将易学历史的源流变迁，分为"两派六宗"。两派：象数学派和义理学派。六宗：一为占卜宗；二为禨（jī）祥宗；三为造化宗；四为老庄宗；五为儒理宗；六为史事宗。

· 核心思想 ·

《周易》的基本原理就是通过不断变化的方法拓展、深化人们对现实世界和未知世界的认识，核心思想是阴阳两种事物的对立与统一形式，基本元素是阴阳，根本方法也是阴阳，本质内容和符号特征也是阴阳；整个客观世界处于普遍的联系和大系统之中，内在的动力机制则是阴与阳的协调并济，相反相成。此外，易道贵中和，实质为阴阳协调，刚柔并济，双向互补，动态平衡。因此，做任何事情，都要审慎周密，尊重规律，科学应对，待时以动。

·价值影响·

《周易》是中国传统思想文化中自然哲学与人文实践的理论根源，是中华民族思想、智慧的结晶，是中华文明的源头活水，是中国古代杰出的哲学巨著，奠定了中华文化的重要价值取向，开创了东方文化的特色，对中国文化产生了巨大影响，被誉为"大道之源"。孔子说："加我数年，五十以学《易》，可以无大过矣。"孙思邈说："不知《易》，不可以为医。"虞世南说："不读《易》，不可为将相。"苏东坡说："抚视《易》《书》《论语》三书，即觉此生不虚过。"郭沫若说："《易经》是一座神秘的殿堂。"成中英说："《周易》不仅是中国的，也是东方的，更是世界的；不仅是古代的，也是现代的，更是未来的。"南怀瑾说："我始终怀疑《易经》的文化是上一个冰河时期留下来的，不是这一个冰河时期的产物，因为它的科学、哲学的道理太高明了。"爱因斯坦说："西方科学家做出的成绩,有不少被中国古代科学家早就做出来了。这是什么原因呢?原因之一是古代科学家自幼学习《周易》,掌握了一套古代西方科学家们不曾掌握的一把打开宇宙迷宫之门的金钥匙。"

《尚书》

· 历史地位·

"五经"之一,"十三经"之一,儒家经典之一,是一部记言体史书,中国最早的历史文献之一。

· 作者简介·

相传《尚书》为孔子编订。孔子(前551~前479),子姓,孔氏,名丘,字仲尼,春秋时期鲁国陬邑(今山东省曲阜市)人,祖籍宋国栗邑(今河南省夏邑县),中国古代伟大的思想家、政治家、教育家,儒家学派创始人、"大成至圣先师"。孔子开创私人讲学之风,有弟子三千,其中贤人七十二。孔子是当时社会上最博学者之一,在世时就被尊奉为"天纵之圣""天之木铎(duó)",更被后世尊为孔圣人、至圣、至圣先师、大成至圣文宣王先师、万世师表。孔子的思想对中国和世界都有深远影响,被列为

"世界十大文化名人"之首。

·内容简介·

《尚书》最早为《书》,是一部追述中国上古历史文件、事迹著作的汇编,分为《虞书》《夏书》《商书》《周书》。西汉学者伏生口述的28篇为《今文尚书》,西汉鲁恭王刘余在拆除孔子故宅一段墙壁时,发现的另一部《尚书》,为古文《尚书》。西晋永嘉年间战乱,今、古文《尚书》全都散失。东晋初,豫章内史梅赜(zé)给朝廷献上了一部《尚书》,包括《今文尚书》33篇,以及伪《古文尚书》25篇。通行的《十三经注疏》本《尚书》,就是《今文尚书》和伪《古文尚书》的合编本。孔子晚年集中精力整理古代典籍,将上古尧舜时期一直到春秋秦穆公时期的各种重要文献资料汇集在一起,经过认真编选,选出100篇,这就是百篇《尚书》的由来。相传孔子编成《尚书》后,曾把它用作私塾的教材。《尚书》成为儒家重要经典,是历代儒家研习的基本书籍。

·核心思想·

《尚书》以天命观念解释历史兴亡,以为现实提供借鉴,其思想内核为敬德和重民;同时主张仁君治民之道、贤臣事君之道。

· 价值影响 ·

《尚书》是中国最古老的皇室文集，是中国第一部上古历史文献和部分追述古代君王事迹著作的汇编。它保存了商周特别是西周初期的一些重要史料。《尚书》中的"德治"主张深刻影响后世，汉代儒家总结历史的经验和教训，主张德、力并重。所以，有五千年文明的中国，应继承和弘扬"协和万邦"的优良传统，在国际关系上树立道德大国的形象，同时为了维护自身尊严，捍卫国家主权，要不断提升综合国力，积极推动构建人类命运共同体。

《诗经》

· 历史地位 ·

"五经"之一，"十三经"之一，我国最早的一部诗歌总集，是中国古代现实主义诗歌的源头。

· 作者简介 ·

相传为尹吉甫（fǔ）采集、孔子编订。尹吉甫（前852～前775），西周时期房陵（今湖北省房县）人，尹国的国君，字吉甫。尹吉甫本姓姞（jí），因被封于尹，所以又称尹吉甫。尹吉甫仕于西周，征战于山西平遥、河北沧州南皮等地。尹吉甫不仅是《诗经》的采风者、编纂者，也是尹姓和吉姓共同的太始祖。尹吉甫是周宣王时的太师，西周时期著名的贤相，辅助周宣王中兴周朝，因是《诗经》的总编纂者，又被尊称为"中华诗祖"。

·内容简介·

《诗经》收集了西周初年至春秋中叶（前11～前6世纪）的诗歌，共305篇，反映了周初至周晚期约500年间的社会面貌。《诗经》在先秦时期称为《诗》或《诗三百》，西汉时被尊为儒家经典，始称《诗经》，沿用至今。《诗经》内容丰富，分为风、雅、颂：风是周代各地的歌谣；雅是周人的正声雅乐，又分小雅和大雅；颂是周王廷和贵族宗庙祭祀的乐歌，又分为周颂、鲁颂和商颂。题材广泛，涉及劳动与爱情、战争与徭役、压迫与反抗、风俗与婚姻、祭祖与宴会，甚至天象、地貌、动物、植物等各方面。艺术手法独特，分为赋、比、兴：赋为平铺直叙，铺陈、排比；比为类比，对人或物加以形象的比喻，使其特点更鲜明；兴为以其他事物为发端，引起所要歌咏的内容，增加韵味和形象的感染力。此外，其句式以四言为主，重章叠句，语言上具有音乐美。孔子认为《诗经》"思无邪"，并教育弟子读《诗经》，并将《诗经》作为立言、立行的标准。先秦诸子中，引用《诗经》者颇多，如诸子在说理论证时，多引述《诗经》中的句子以增强说服力。至汉武帝时，《诗经》被儒家奉为经典，成为"六经"（《诗经》《尚书》《礼记》《周易》《春秋》《乐经》）及"五经"之一。

· 核心思想 ·

《诗经》最早以强烈的现实主义精神，广泛而深刻地反映了我国 2500 年前的漫长历史时期的社会面貌，既描写了上古时代民族的形成发展，也反映了古老国家的政事兴衰，歌颂了劳动人民的勤劳、勇敢与质朴，揭露了统治阶级的剥削压迫与卑鄙无耻，表达了劳动人民对圣贤明君的爱戴和对美好幸福生活的向往。

· 价值影响 ·

《诗经》在中国乃至世界文化史上都占有重要地位。它奠定了中国诗歌的现实主义传统，中国诗歌艺术的民族特色由此开始形成，历代诗人的诗歌创作都不同程度地受到《诗经》的影响。在社会功用上，不仅实现了"诗言志"的效果，而且被用来宣扬和实行修身养性、治国经邦；在历史风俗方面，不仅给后人留下了宝贵的史料，而且是了解中国古代民俗习惯很好的材料；在礼乐文化方面，产生了深刻影响后世的礼乐文化，并具有一定的教化功能；在文学传统方面，其现实主义精神、抒情诗、风雅与文学革新、赋比兴等，影响深远。《诗经》曾被译为多国文字，流传广泛，在各国的《世界文学史》教科书上都有评介，诗经学也成为世界汉学的热点。荀子说："始乎诵经，终乎读礼。"胡適说："《诗经》并不是一部经典，确实是一部古代歌谣的总集。"鲁迅说："(《诗经》是）中国最古的诗选。"费德林说："《诗经》是中国古代的一部独具一格的百科全书。"

《周礼》

· 历史地位 ·

"三礼"（《周礼》《仪礼》《礼记》）之一，"十三经"之一，儒家经典之一，对历代礼制的影响最为深远。

· 作者简介 ·

周公（生卒年不详），姬（jī）姓名旦，西周开国元勋，杰出的政治家、军事家、思想家、教育家，"元圣"、儒学先驱，周文王姬昌第四子，周武王姬发的弟弟。采邑在周,故称周公。他率师东征,平定叛乱,灭奄后分封诸侯,营建成周洛邑;制礼作乐,为西周典章制度的主要创制者,奠定"成康之治"的基础。

· 内容简介 ·

《周礼》是一部通过官制来表达治国方案的著作,所记载礼的体系最为系统,既有祭祀、朝觐(jìn)、封国、巡狩、丧葬等国家大典,也有用鼎、乐悬、车骑、服饰、礼玉等制度的具体规范,还有各种礼器的等级、组合、形制、度数等。作为儒家经典,《周礼》在汉代最初名为《周官》,许多制度仅见于此书,因而尤其宝贵。

· 核心思想 ·

《周礼》进行制度设计,其根本的原则精神、制度设计的根据,是仁爱精神或博爱精神。作为儒家经典,一以贯之儒家的思想体系,以德服人,以礼的约束来规范人的行为,维护社会正常秩序。

· 价值影响 ·

《周礼》含有丰富的治国思想,可有效提升后世的行政管理,为后世所遵循,一直沿用到封建王朝灭亡。从后世影响来看,礼的思想成为中国古代社会正统统治思想的核心，礼的适用范围和功能虽然渐渐发生移转，但礼的原则不断巩固和强化，从而奠定了中国古代社会意识形态的基本格局。此外，在建筑及规划方面，后代的城市布局深深打上了周代王城的烙印。

《仪礼》

·历史地位·

"三礼"之一，"十三经"之一，中国春秋战国时代的礼制汇编。

·作者简介·

作者不详，汉初高堂生传《仪礼》。高堂生，复姓高堂，名伯，生卒年不详。西汉鲁（山东新泰龙廷）人，专治古代礼制。《礼》经秦火，而书不传。汉兴，生传《士礼》十七篇，即今本《仪礼》，为当时今文礼学最早传授者。

·内容简介·

《仪礼》是"三礼"中成书较早的一部，共17篇，记载了周代的冠、婚、丧、祭、乡、射、朝、聘等各种礼仪，以记载士大夫的礼仪为主。天子、诸侯、大夫、士日常所践行的礼有士冠礼、士昏礼、士相见礼、乡饮酒礼、乡射礼、燕礼、大射礼、聘礼、公食大夫礼、觐礼、士丧礼、丧服、既夕礼等。中国历代王朝都非常重视礼制，每个王朝建立后，都要物色一些精于礼学的专家来制定一整套礼仪，因为礼制对于巩固等级制度、维护社会秩序，都有很大的作用。从殷周到清代，几千年来中国都有整套的礼仪制度。只有了解礼制，才能对中国古代社会有更深刻的认识。礼是儒家学说中的核心部分：先秦的"六经"中有《礼》，汉代"五经"学官中也有《礼》，唐立"九经"（《诗》《书》《礼》《易》《春秋》《穀梁传》《公羊传》《周礼》《仪礼》）中有"三礼"，宋立"十三经"中也有"三礼"。

· 核心思想 ·

一是强调用礼的仪式来体现宗教观念，同时也使它的宗教思想礼学化；二是遵照"尊尊、亲亲、长长、男女有别"的原则来规范世俗社会人伦关系，在道德内容上表现出"三纲五常"的大体框架；三是以儒家教育规定的内容为内容，旨在培养封建大一统时代所需要的统治人才；四是体现儒家的德治统治思想，为理想化的政治制度的形成提供了条件。

· 价值影响 ·

《仪礼》是中国古代礼仪文化的纲领，是儒家礼乐文化的源头，系统反映儒家礼乐思想，对于研究先秦历史，对秦汉以来礼乐制度的制定，对儒家经典文献的形成和儒家学说的传播，规范和指导着中华民族的日常生活和民风民俗，都有着极其深远的影响。据《孔子世家》说，孔子死后，"而诸儒亦讲礼乡饮大射于孔子冢。孔子冢大一顷，故所居堂弟子内，后世因庙藏孔子衣、冠、琴、车、书，至于汉二百余年不绝"。甚至在战争年代，孔门弟子也未中断诗书礼乐的学习。《史记·儒林列传》记载，楚汉相争时，刘邦"举兵围鲁，鲁中诸儒尚讲诵习礼乐，弦歌之音不绝"。司马迁说他自己亲眼看到"仲尼庙堂、车服、礼器，诸生以时习礼其家"的情景，而流连忘返。

《礼记》

·历史地位·

"三礼"之一,"五经"之一,"十三经"之一,我国第一部礼仪制度书,中国古代一部重要的典章制度选集。

·作者简介·

相传《礼记》为西汉礼学家戴圣所编。戴圣（生卒年不详），字次君，祖籍梁国甾（zāi）县（今河南省兰考县、民权县），生于梁国睢（suī）阳县（今河南省商丘市睢阳区），西汉时期官员、学者、礼学家、汉代今文经学的开创者，后世称其为"小戴"。戴圣与叔父戴德曾跟随后苍学《礼》，两人被后人合称为"大小戴"。

·内容简介·

《礼记》又名《小戴礼记》，成书于汉代。《礼记》共20卷49篇，内容主要写先秦的礼制，体现了先秦儒家的哲学思想（如天道观、宇宙观、人生观）、教育思想（如个人修身、教育制度、教学方法、学校管理）、政治思想（如以教化政、大同社会、礼制与刑律）、美学思想（如物动心感说、礼乐中和说），是研究先秦社会的重要资料，是一部儒家思想的资料汇编。《礼记》谋篇布局层折曲妙，行文句法繁简有当，语言整饬而多变、雅洁明畅，修辞手法多种多样。自东汉郑玄作"注"后，《礼记》地位日升，至唐代时尊为"经"，宋代以后，位居"三礼"之首。

·核心思想·

《礼记》的核心内涵是儒家思想关于"仁""义"的核心精神。它以礼乐为核心，涉及政治、伦理、哲学、美学、教育、宗教、文化等各方面的思想；"礼"是处理人与人关系的基本准则，是调节人与人之间关系的行为规范，是指导人们日常生活的一种行为准则。

·价值影响·

《礼记》是儒家在"礼崩乐坏"时代反思重建政治秩序和价值观念的产物，对儒家学派的形成、嬗变以及思想观点的发展变化，甚至对先秦诸子百家的思想学说都产生了极其深远的影响。它是打开先秦儒家精神世界大门的一把钥匙。在"十三经"中，《礼记》一书最集中、最全面、最系统地记述、阐释了儒家思想学说的核心内容，其《大学》《中庸》两篇与《论语》《孟子》并列，被列入"四书"。《礼记》中记载的古代文化史知识及思想学说，对儒家文化传承、当代文化教育和德行教养，及社会主义和谐社会建设有重要影响。王夫之说："(《曾子问》) 所记皆礼经之所未备，圣贤补为发明精义，以会通于事物之变而为之定体也。"梁启超说："《礼记》为儒家者流一大丛书"，"《礼记》之最大价值，在于能供给以研究战国、秦汉间儒家者流——尤其是荀子一派——学术思想史之极丰富之资料"。

《春秋左氏传》

·历史地位·

"《春秋》三传"(《左传》《穀梁传》《公羊传》) 之一，"五经"之一，儒家经典之一，我国最早的编年体史书。

·作者简介·

相传《春秋左氏传》(又称《左氏春秋》) 为春秋末年左丘明所做。左丘明 (生卒年不详)，春秋末期史学家、文学家、思想家、散文家。曾任鲁国史官，相传为解析《春秋》而作《左传》，又作《国语》。两书记录了不少西周、东周春秋的重要史事，保存了具有很高价值的原始资料，由于史料翔实、文笔生动，引起了古今中外学者的爱好和研究，左丘明被誉为"文宗史圣""经臣史祖"。孔子、司马迁均尊其为"君子"。史学界推左丘明为中国史学的"开山鼻祖"。

· 内容简介 ·

《春秋左氏传》又名《左传》，全书60卷，以《春秋》为纲，并仿照《春秋》体例，按照鲁国君主的次序，主要记载鲁隐公元年（前722）至鲁悼公十四年（前464）期间春秋霸主递嬗（shàn）的历史，保存了许多当时社会文化、自然科学等方面的珍贵史料，在史学上占有极其重要的地位。"春秋"一词，本是东周列国史官所撰编年史的通称。古人之所以重视写史，是因为历史不仅是祖先的生活记录，还可从中学习各种知识，指导现世人生。传说孔子写《春秋》的目的就是要原始察终，见盛知衰，惩恶扬善，拨乱反正。《左传》除了阐释《春秋》思想之外，其艺术成就也很高，是我国古代文学与史学完美结合的典范，对后世史书、小说、戏剧的写作都产生了深远影响。《左传》语言精练，文辞优美，其叙事手法历来为人称道。

·核心思想·

体现"民为邦本"的进步思想,重视人民的力量和作用,保障人民的生活;在叙事态度上表现为"不隐恶"。

·价值影响·

《左传》提倡记载史事必须据事直书,以卓越的叙事手法集记言、记事于一体,开以往叙史之先例,开后世史书论赞的先河,是研究先秦历史尤其是春秋时期历史的重要文献,对后世史学产生了深远影响。此外,叙事详细完整,战争描写生动,人物性格鲜明,语言生动精练。梁启超称《左传》的出现是"商周以来史界之革命"。

《春秋公羊传》

·历史地位·

"《春秋》三传"之一,"十三经"之一,儒家经典之一。

· 作者简介 ·

公羊高（生卒年不详），战国时期齐国人，相传是子夏（卜商）的弟子，治《春秋》，传于公羊平。

· 内容简介 ·

《春秋公羊传》又名《公羊传》，是以语录体和对话文体注解《春秋》的一部典籍，上起鲁隐公元年（前722），止于鲁哀公十四年（前481），与《春秋》起止时间相同。起初只是口说流传，西汉景帝时，传至玄孙公羊寿，由公羊寿与胡母生一起将《春秋公羊传》著于竹帛。《公羊传》的体裁特点是经传合并，传文逐句传述《春秋》经文的大义，与《左传》以记载史实为主不同。《公羊传》在战国初至汉初的传承系统是：子夏→公羊高→公羊平→公羊地→公羊敢→公羊寿→胡毋子都（生）。《公羊传》在中国传统文化中占有重要地位，东汉的何休，唐代的徐彦，清代中后期常州学派的龚自珍、魏源等，直到近代维新派的康有为等，都是公羊学派中有影响的人物。

· 核心思想 ·

宣扬儒家思想中的拨乱反正，强化中央专制集权和"大一统"，推崇大中华民族价值观，包含有历史变

ूं易观点等。

· **价值影响** ·

1995年,蒋庆出版《公羊学引论》一书,为当代公羊学重兴之滥觞(lànshāng)。《公羊传》尤为今文经学派所推崇,是今文经学的重要典籍,是研究战国、秦、汉间儒家思想的重要资料。历代今文经学家都常用它作为议论政治的工具。晋范宁评《春秋》三传的特色说:"《左氏》艳而富,其失也巫。《穀梁》清而婉,其失也短。《公羊》辩而裁,其失也俗。"郑玄在《六艺论》中有所批评:"《左氏》善于礼,《公羊》善于谶,《穀梁》善于经。"

《春秋穀梁传》

· **历史地位** ·

"《春秋》三传"之一,"十三经"之一,儒家经典之一。

· **作者简介** ·

穀梁赤(生卒年不详),穀梁氏,名赤,字子始,战国时期著名经学家,今山东省菏泽市人。相传为子夏弟子。治《春秋》，初仅口说流传，至榖梁赤，为《春秋》残亡，多所遗失，乃为经作传，称《榖梁传》。榖梁赤师从子夏，后榖梁学成，封鲁为吏，著书立说。到汉初刘邦祭孔时，申请回原曹国故里棠林坡一带，子孙以衍数万。

· 内容简介 ·

《春秋榖梁传》也被称作《榖梁传》，起于鲁隐公元年（前722），终于鲁哀公十四年（前481）。《榖梁传》强调必须尊重君王的权威，但不限制王权；君臣各有职分，各有行为准则；主张必须严格对待贵贱尊卑之别，同时希望君王要注意自己的行为。《榖梁传》受到统治阶级的极大重视，是我们研究秦汉间及西汉初年儒家思想的重要资料。在《春秋》三传中，属于今文的《公羊传》和属于古文的《左传》，都曾长期受到人们的瞩目和重视，与《公羊传》同属今文的《榖梁传》则少有人问津，显得门庭冷落。到汉武帝时独尊儒术，《公羊传》由此大兴，而卫太子刘据喜读《榖梁传》。西汉后期《榖梁》之学大盛，影响了当时社会政治的各个方面。

· 核心思想 ·

《榖梁传》主张"著以传著，疑以传疑"，忠实记载史实；宣扬儒家思想，务礼义教化和宗法情谊，为缓和统治集团的内部矛盾，稳定封建统治的长远利益服务。

· 价值影响 ·

《穀梁传》阐发的《春秋》大义和记述的古代礼制，是中国古代经学史、思想史、文化史等的重要内容和宝贵资料，对中国古代政治思想、道德观念、文化学术的形成和发展产生了不可低估的作用；作为正统儒家学说的组成部分，成为古人的思想观念和论事标准，成为典籍注疏的重要组成部分；是研究汉语言发展流变的宝贵资料。

《孝经》

· 历史地位 ·

"十三经"之一，我国以"孝"治国的理论基础，中国古代政治伦理著作。

· 作者简介 ·

相传由孔子及其弟子所著。孔子（前551～前479），子姓，孔氏，名丘，字仲尼，春秋时期鲁国陬（zōu）邑

(今山东省曲阜市)人,中国古代伟大的思想家、政治家、教育家,儒家学派创始人、"大成至圣先师"。孔子开创私人讲学之风,有弟子三千,其中贤人七十二。孔子是当时社会上最博学者之一,在世时就被尊奉为"天纵之圣""天之木铎(duó)",更被后世统治者尊为孔圣人、至圣、至圣先师、大成至圣文宣王先师、万世师表。其思想对中国和世界都有深远的影响。其人被列为"世界十大文化名人"之首。

· 内容简介 ·

《孝经》全书共分18章,其孝的内涵主要包括:一孝悌并称,不可偏废,包括孝养、孝敬、孝容、孝思;二无违父母,包括孝顺、孝继;三为父母守孝,包括孝丧、孝祭;四在家尽孝,在国尽忠。它肯定"孝"是上天所定的规范,"夫孝,天之经也,地之义也,人之行也";指出孝是诸德之本,认为"人之行,莫大于孝",国君可以用孝治理国家,臣民能够用孝立身理家;首次将孝与忠联系起来,认为"忠"是"孝"的发展和扩大,并把"孝"的社会作用推而广之,认为"孝悌之至"就能够"通于神明,光于四海,无所不通";对实行"孝"的要求和方法也作了系统而详细的规定。《尔雅》说:"善事父母曰孝。"《说文解字》解释为:"孝,善事父母者。从老省,从子,子承老也。"可见孝的原始含义就是赡养父母。周代制定以血缘关系为纽带的宗教法制度，使"孝"成为一种正式的人伦规范和礼义制度。《孝经》中屡屡言及孝，儒家明确提出了"夫孝，德之本也，教之所由生也"，视"孝"为德、教之根本。

·核心思想·

珍视生命，是行孝尽孝的开始，是最基本的孝；敬养父母，才是真的行孝；主张"承志"，子承父志、继先祖之志；主张"立身"，积极入世，对社会做出贡献；主张"无违"，没有违背良心良知的任何非分之想，一切出于至诚；主张"谏诤"，要对父母的不义行为及时劝止；主张"慎终""追远"，葬之以礼，祭之以礼。

·价值影响·

《孝经》是阐述孝道和孝治思想的中国古代儒家经典著作，也是历代儒客研习之核心书经。《孝经》为历代儒客尊崇，自西汉至魏晋南北朝，注解者及百家。孝作为家庭伦理规范，扎根于家庭，风行于社会，成为人们遵守的道德准则和行为规范，并逐步成为中华文化的重要文化基因和文化传统，对于构建现代家庭、塑造良好家风都有着不可忽视的影响。孝文化也存在缺陷，只有批判地继承，才能最大限度地发挥传统孝文化在新时代背景下的作用。

《尔雅》

·历史地位·

辞书类文学作品，我国第一部百科名物词典，中国辞书之祖。

·作者简介·

作者不详。

·内容简介·

《尔雅》收集了比较丰富的古汉语词汇，最早收录于《汉书·艺文志》。"尔"是"近"之意，"雅"是"正"之意（这里专指"雅言"），"尔""雅"之意是接近、符合雅言，即以雅正之言解释古汉语词、方言词，使之近于规范。《尔雅》全书收录4300多个词语并按义类编排，计2091个条目，主要有训释语词和训释名物两大类，本来20篇，现存19篇（《释诂》《释言》

《释训》《释亲》《释宫》《释器》《释乐》《释天》《释地》《释丘》《释山》《释水》《释草》《释木》《释虫》《释鱼》《释鸟》《释兽》《释畜》）。它不仅对研究诸经有极大的帮助，而且对研究古今语言和名物的演变也具有极其重要的参考价值。

· 核心思想 ·

《尔雅》作为一部解释词义的词典，本来是为帮助理解经书而产生的，之所以被列入经部，一方面取决于它自身的内容与价值，另一方面取决于它与其他经书的关系。

· 价值影响 ·

《尔雅》不仅是辞书之祖，还是典籍，被列入十三经，是汉族传统文化的核心组成部分；《尔雅》被认为是中国训诂的开山之作，是我国第一部按义类编排的综合性辞书，是疏通包括"五经"在内的上古文献中词语古文的重要工具书，其在训诂学、音韵学、词源学、方言学、古文字学方面都有着重要影响；后世还出了许多仿照《尔雅》写的著作，被称为"群雅"，由研究《尔雅》也产生了"雅学"。李学勤说："《尔雅》作为'经'，不是偶然的，并不是凑在经部里的……

《尔雅》是周代以至汉初历世学者解经的一种汇编,号称解经的钥匙。"

《论语》

·历史地位·

"四书"之一,"十三经"之一,儒家创始人孔子及其弟子的言论集。

·作者简介·

《论语》是由孔子的弟子及再传弟子记录孔子及其弟子言行而编成。

·内容简介·

《论语》全书共20篇492章,以语录体为主,叙事体为辅,较为集中地体现了孔子及儒家学派的政治主张、伦理思想、道德观念、教育原则等。作品多为语录,辞约义富,语句、篇章形象生动,语言简练,浅近易懂,用意深远,雍容和顺、纡(yū)徐含蓄,能在简单的对话和行动中展示人物形象。孔子开创了私人讲学的风气,相传有弟子三千,其中贤弟子七十二人。孔子去世后，其弟子及再传弟子把孔子及其弟子的言行语录和思想记录下来，整理编成了儒家经典《论语》。

·核心思想·

《论语》的思想主要包含：一是伦理道德范畴——仁；二是社会政治范畴——礼；三是认识方法论范畴——中庸。孔子确立了仁的范畴，进而将礼阐述为适应仁、表达仁的一种合理的社会关系与待人接物的规范，进而明确"中庸"的系统方法论原则。"仁"是《论语》的思想核心。《论语》还反映了孔子的教育原则：因材施教，有教无类。

·价值影响·

《论语》为儒家经典之一，自汉武帝"罢黜百家，独尊儒术"之后，被尊为"五经之錧鎋（guǎnxiá），六艺之喉衿（jīn）"，是研究孔子及儒家思想尤其是原始儒家思想的第一手资料。《论语》自宋代以后，被列为"四书"或"十三经"之一，成为古代学校官定教科书和科举考试必读书。作为一部经典，《论语》对中华民族的政治等各个领域等都发挥了极大作用，对民族文化、民族精神的影响主要体现在人生目标、价值取向、思维方式、处世形态等方面。北宋赵普说："臣平生所知，诚不出此，昔以其半辅太祖定天下，今欲以其半辅陛下致太平。"

《孟子》

· 历史地位 ·

"四书"之一，"十三经"之一，以"性善论"著称的儒家经典。

· 作者简介 ·

由战国中期孟子及其弟子万章、公孙丑等编纂而成。孟子，名轲，战国中期鲁国邹（zōu）（今山东省邹城市东南）人，距离孔子的故乡曲阜（fù）不远。孟子是著名的思想家、政治家、教育家，孔子学说的继承者，儒家重要代表人物，继承了孔子"仁"的思想并将其发展成"仁政"思想，被称为"亚圣"。

· 内容简介 ·

《孟子》原11篇，现存7篇14卷，总字数35 000多个，260章。书中记载有孟子及其弟子的政治、教育、哲学、伦理等思想观点和政治活动。孟子主张效法先王，养德行、修仁心、行仁政，并提出了民本思想；提倡人格和道德教育，"得天下英才而教育之"；认为现实世界是道德的世界，要追求天人合一的境界；倡导世人做"富贵不能淫，贫贱不能移，威武不能屈"的大丈夫，并以"吾善养吾浩然之气"来诠释其坦荡博大的胸怀。《孟子》的语言明白晓畅，平实浅近，精练准确；长于论辩，更具艺术表现力，具有文学散文的性质，其论辩文巧用逻辑推理，欲擒故纵，反复诘难，迂回曲折地把对方引入自己预设的结论中；气势浩然。这源于孟子人格修养的力量。具有这种浩然之气的人，能够在精神上压倒对方，能够做到藐视政治权势，鄙夷物质贪欲，气概非凡，刚正不阿，无私无畏。

· 核心思想 ·

《孟子》的主要思想是仁、义、善。在人性方面，主张性善论；在社会政治观点方面，孟子突出仁政、王道的理论，提出"民贵君轻"的主张；在价值观方面，强调舍生取义。《孟子》以经济和谐为基础，以道德和谐为核心，以上下和谐为主干，以善政、善教为两翼，主张"以德服人"，反对暴力。

· 价值影响 ·

《孟子》的思想延续和发展了《论语》的思想。《孟子》的"天命"论是对《论语》"天命"论的继承和发展,"道"或良知论则是《论语》和《孟子》可以共同享有的人学形而上学思想,"德治"或"仁政"思想则是《论语》和《孟子》共有的人性政治思想。《孟子》在汉朝、唐朝期间地位并不高,而真正重视《孟子》的是理学家二程、朱熹。朱熹花数十年工夫,著的《四书章句集注》,成为朱熹理学思想的代表作。朱熹的这部书后来被尊为科举考试的内容和标准,延续统治地位达700多年。《孟子》一书也随之提升到儒家经典的地位。韩愈说:"孟轲好辩,孔道以明。"冯友兰说:"孔子在中国历史的地位如苏格拉底在西洋史,孟子在中国历史地位如柏拉图在西洋史。"

《大学》

· 历史地位 ·

"四书"之一,儒家"修齐治平"的理论大纲,科学启蒙第一书。

·作者简介·

相传作者为曾子。曾子名参,字子舆,春秋末战国初鲁国武城(今山东省平邑县南)人,孔子弟子,儒家学派的重要代表人物。后世尊其为"宗圣",与孔子、孟子、颜子合称"四圣"。

·内容简介·

《大学》是一篇论述儒家修身、齐家、治国、平天下思想的散文,原为《礼记》(原名《小戴礼记》)第42篇,是一部中国古代讨论教育理论的重要著作。经北宋程颢、程颐竭力推崇,南宋朱熹又作了《大学章句》。《大学》提出了"三纲领"(明明德、亲民、止于至善)和"八条目"(格物、致知、诚意、正心、修身、齐家、治国、平天下);强调修己是治人的前提,修己的目的是治国平天下,说明治国平天下和个人道德修养的一致性。全文主要概括总结了先秦儒家道德修养理论,以及关于道德修养的基本原则和方法,对儒家政治哲学也有系统的论述,对后世做人、处事、治国等有深刻的启迪,文辞简约,内涵深刻,影响深远。

·核心思想·

《大学》着重阐述了提高个人修养、培养良好的道德品质与治国平天下之间的重要关系,其核心思想是

"修己以安百姓"；主张积极入世，注重自身修养，关心人民疾苦，努力改善民生，维护社会安定，拥护国家统一。

· 价值影响 ·

《大学》提出了一个政治哲学纲领，为中国古代封建王朝的稳固提供了保障；作为"四书"之首，是儒学重要的思想载体；提出了做人和学习法则、治学态度，对读书人很有借鉴价值；提出了经济思想，是构建中国特色社会主义经济学最为有利的文化根基；提出了诚信思想，对当代探讨诚信缺失的社会根源以及创建以人为本的政治理念具有重要的启发意义；作为国学经典，代表着中国传统文化。此外，《大学》把人的思想束缚在儒家范畴，容易让知识分子思想僵化。孙中山说："中国政治哲学谓其最有系统之学，无论外国任何政治哲学家都未见过，都未说出，为中国独有之宝贝。"

《中庸》

·历史地位·

"四书"之一,儒家推崇的处世哲学。

·作者简介·

相传《中庸》作者为子思。子思,鲁国人,姓孔,名伋(jí),孔子之孙,春秋战国之际儒家学派的主要代表人物之一,被称为"述圣"。孟子将其学说加以发挥,形成了思孟学派。

·内容简介·

《中庸》原为《礼记》第31篇,是中国古代论述人生修养境界的一部道德哲学专著,是儒家经典之一。其内容肯定"中庸"是道德行为的最高标准,认为"至诚"则达到人生的最高境界,并提出"博学之,审问之,慎思之,明辨之,笃行之"的学习过程和认识方法。宋元以后,成为学校官定的教科书和科举考试的必读书,对中国古代教育和社会产生了极大的影响。到了近现代,梁启超、孙中山视《中庸》为国宝。20世纪上半叶,受西方现代性的影响,《中庸》思想曾受到误读,使得当代人对中国思想经典相当隔膜。进入

21世纪后，随着中国崛起并成为国际关注的话题，以及新的出土文物文献的发现及阐释，人们对中国思想文化重要体现的《中庸》研究更加深入，其意义为当代中外学界所关注。

·核心思想·

《中庸》是循中和之道而为之。中和是宇宙的本来状态，人的可教育就在于能中和，政教的作用也在于致中和；为人处世须居于中正之道，不偏不斜，以自然的纯正人性提高自身修养、对待万事万物。

·价值影响·

《中庸》是儒家经典，至今已流传2000多年，在儒家学说中占有重要地位，位于"四书"次位，在中国历史上的各个时期都有其独特的学术特点、学术成就和社会地位。《中庸》上承孔子，下启孟子，是中华民族的古典哲学，曾广泛而深刻地影响了中国历史的发展。从思想史发展来看，对儒学、玄学、佛学、宋明理学和陆王心学都具有深远影响。《二程集》中说："《中庸》之书，学者之至也。""善读《中庸》者，只得此一卷书，终身用不尽也。""《中庸》之言，放之则弥六合，卷之则退藏于密。""《中庸》始言一理，中散为万事,末合为一理。"

《说文解字》

·历史地位·

一部语文工具书,中国最早的系统分析汉字字形和考究字源的语文辞书,世界上最早的字典之一,科学文字学和文献语言学的奠基之作。

·作者简介·

许慎(约58~约147),字叔重,汝南召陵(今河南省漯河市召陵区)人,东汉时期著名的经学家、文字学家。许慎花费至少21年,编撰了世界上第一部字典《说文解字》,使汉字的形、音、义趋于规范。尊许之学者,称许慎为"许君",称《说文解字》为"许书",称其学为"许学"。许慎对汉语文字学做出了杰出贡献,被尊称为"字圣"。

·内容简介·

《说文解字》简称《说文》,共15卷,其中前14卷为文字解说,字头以小篆书写;第15卷为叙目,记录汉字的产生、发展、功用、结构等方面的问题，以及作者创作的目的。全书共分540个部首，收字9353个，另有"重文"（异体字）1163个，共10 516字。在编排时，许慎从字形分析入手，在对"六书"造字法深刻理解的基础上，依据以类相从的原则，采取分类编排的方法，"分别部居，不相杂厕"；遵循"始一终亥"的部首序列，构建出一个完整、有序的文字说解体系；编辑严格审慎风格，争取做到每一个字的说解都言必有据。历代对于《说文解字》都有许多学者研究，清朝时研究最为兴盛。段玉裁的《说文解字注》、朱骏声的《说文通训定声》、桂馥（fù）的《说文解字义证》、王筠的《说文释例》《说文句读》尤被推崇，四人也获尊称为"说文四大家"。

· 核心思想 ·

《说文解字》受儒家思想影响，确立了"本立而道生"的思想；文字是经史百家的根基，是推行王道的首要条件；前人凭借文字可传诸后世，而后人依靠它可了解历史；要捍卫古文经学说的学术地位，为古文经派提供理论依据。

·价值影响·

开启了汉字按部首编排的汉字字典编排方法,首次阐发了"六书"的内容和原则,为后世沿用;收录了汉字形体的多种写法和古音资料,为研究汉字提供了宝贵的古文字及语音资料;较为全面地记录了古代自然和历史文化,对于了解自然万物和汉代以前的社会、政治思想、文化面貌有十分重要的参考价值。学者李文仲说:"处《说文》之先者,非《说文》无以明;处《说文》之后者,非《说文》无以法。"古文字学家唐兰说:"一直到现在,我们遇见一个新发现的古文字,第一步就得查《说文》,差不多是一定的手续。"

扫码进入
- 口袋电子书架
- 经典文化题库
- 国学精读宝典
- 文化传承探宝

二 史部

文化传承探宝
趣味测试
领略经典文化魅力

国学精读宝典
深入解读
带你掌握国学精髓

经典文化题库
答题闯关
助你夯实文化基础

口袋电子书架
便捷体验
随时随地在线阅读

云上 中华经典藏书阁

品读典籍智慧，弘扬优秀文化

《史记》

·历史地位·

"前四史"(《史记》《汉书》《后汉书》《三国志》)之一,"二十四史"(《史记》《汉书》《后汉书》《三国志》《晋书》《宋书》《南齐书》《梁书》《陈书》《魏书》《北齐书》《周书》《隋书》《南史》《北史》《旧唐书》《新唐书》《旧五代史》《宋史》《新五代史》《辽史》《金史》《元史》《明史》)之一(首),中国历史上第一部纪传体通史,开创纪传体史学、传记文学之先河。

·作者简介·

司马迁(前145或前135～?),字子长,西汉史学家、文学家、思想家,司马谈之子,任太史令,被后世尊称为史迁、太史公、历史之父。司马迁早年受学于孔安国、董仲舒,漫游各地,了解风俗,采集传闻。初任郎中,奉使西南。28岁任太史令,继承父业,著述历史。后因替李陵败降之事辩解而受宫刑,调任中书令,历经14年,以"究天人之际,通古今之变,成一家之言"的史识，创作的《史记》，被公认为中国史书典范。

· 内容简介 ·

《史记》最初称为《太史公书》或《太史公记》《太史记》。作品中撰写了上至上古传说中的黄帝时代，下至汉武帝太初四年（前101）间共3000多年的历史。《史记》全书包括12本纪（记历代帝王政绩）、30世家（记诸侯国和汉代诸侯、勋贵兴亡）、70列传（记重要人物的言行事迹，主要叙人臣，其中最后1篇为自序）、10表（大事年表）、8书（记各种典章制度记礼、乐、音律、历法、天文、封禅、水利、财用）。《史记》规模巨大，体系完备，共130篇526 500余字，比《淮南子》多395 000余字，比《吕氏春秋》多288 000余字。《史记》具有独特的叙事艺术，非常注重对事件因果关系的更深层次的探究；章法、句式、用词别出心裁；描写生动，刻画逼真，语言个性化，人物形象鲜明；注意运用对比映衬手法，在矛盾冲突中表现人物；安排材料时，采用"互见法"，形成雄深雅健的独特风格，塑造了一大批悲剧人物。其缺点是：在汉朝历史的记述中掺杂较多的个人感情。

· 核心思想 ·

反映了3000年中国社会历史，真实记录重大史实，揭露了封建统治阶级内部的矛盾倾轧及封建统治者的丑恶面目；体现了以人为本的史学思想，善于把笔下的人物置于广阔的社会背景下加以表现，不光对人物做出道德、善恶评价，也关注人物对历史与社会发展的作用；讴歌历史上的反暴斗争，肯定秦末农民起义；描写了不少社会下层民众，歌颂了他们的优良品德。

· 价值影响 ·

《史记》在史学方面，建立了杰出的纪传体通史体裁和体例，史学由原先的列入经学范围到正式建立史学独立地位，建立了史传文学传统，一直影响着近现代的史学研究与写作；文学方面，对古代的小说、戏剧、传记文学、散文都有广泛而深远的影响。自汉至清，《史记》的研究专著与论文囊括了名物典章、地理沿革、文字校勘、音韵训诂、版本源流以及疏解、读法、评注等领域。梁启超认为："史界太祖，端推司马迁"，"太史公诚史界之造物主也"。鲁迅说，《史记》乃"史家之绝唱，无韵之离骚"，列为前"四史"之首，与《资治通鉴》并称为"史学双璧"。郭沫若说："司马迁这位史学大师实在值得我们夸耀，他的一部《史记》不啻是我们中国的一部古代的史诗，或者说它是一部历史小说集也可以。"翦伯赞认为，司马迁是中国历史学的开山祖师，《史记》是一部以社会为中心的历史。

《汉书》

·历史地位·

"前四史"之一，"二十四史"之一，是中国第一部纪传体断代史，以"实录"精神堪称后世传记文学的典范。

·作者简介·

班固（32～92），字孟坚，扶风安陵（今陕西省咸阳市东北）人，东汉大臣、史学家、文学家，与司马迁并称"班马"。班固是班彪之子，班超之兄，16岁入洛阳太学，23岁父死后归乡里。以父所撰《史记后传》叙事未详，乃潜心继续撰述力求精善。汉明帝永平五年（62），被人诬告私改作国史，下狱。出狱后被任为兰台令史，奉命撰述东汉开国以来史事，与人共撰《世祖本纪》。他不认同《史记》以汉朝"编于百王之末，厕于秦项之列"，决心撰写起自汉高祖、终于王莽共230年事迹的《汉书》。永元四年（92），窦宪失势自杀，他受牵连免官、被捕，死于狱中。班固一生著述颇丰，作为史学家，修撰的《汉书》，列入"前四史"；作为辞赋家，位列"汉赋四大家"，《两都赋》开创了京都赋的范例，列入《文选》第一篇；作为经学理论家，所编《白虎通义》集当时经学之大成，将谶纬神学理论化、法典化。

· 内容简介 ·

《汉书》又称《前汉书》，班固前后历时20余年，于建初年中基本修成，后唐朝颜师古为之释注。其中8表由班固之妹班昭补写而成，天文志由班固弟子马续补写而成。《汉书》主要记述了上起汉高祖元年（前206），下至新朝王莽地皇四年（23）共230年的史事。现存《汉书》包括纪12篇、表8篇、志10篇、传70篇，共100篇，后人划分为120卷，全书共80万字。在叙事上，《汉书》的特点是注重史事的系统、完备，凡事力求有始有终，记述明白。在体裁方面，《汉书》首创以纪传体形式专一记述西汉一朝史事的断代史。其缺点是：恪守儒家正统观念，存在迂腐的道德说教。

· 核心思想 ·

继承和发展西汉以来以董仲舒为代表的天人感应、君权神授理论，维护儒家的纲常秩序，宣扬汉为尧后的正统说和五行灾异学说。

·价值影响·

《汉书》在开创断代史体例、扩大历史研究的领域、确立书志体、开创目录学、保存重要的历史文献等方面做出了巨大贡献。继承《史记》为少数民族专门立传的优良传统，补充叙述了西域几十个地区和邻国的历史，保存了大量珍贵资料。此外，在中国文学史上的地位也很突出，写社会各阶层人物都以"实录"精神，平实中见生动，堪称后世传记文学的典范。

《后汉书》

·历史地位·

"前四史"之一，"二十四史"之一，一部纪传体断代史。

·作者简介·

范晔（yè）（398～445），字蔚宗，顺阳郡顺阳县（今河南省淅川县李官桥镇）人。南朝宋时期著名史学家、文学家、官员。东晋安北将军范汪曾孙、豫章太守范宁之孙、侍中范泰之子。范晔出身顺阳范氏，博览群书。元嘉二十二年（445），拥戴彭城王刘义康即位，事败被杀，时年48岁。一生才华横溢，史学成就突出。

· 内容简介 ·

《后汉书》分10纪、80列传和8志。全书主要记述了上起东汉的汉光武帝建武元年（25），下至汉献帝延康元年（220），共196年的史事，叙述了东汉一代的历史兴亡大势，描画出东汉一代的社会、民情与人物百态。《后汉书》不仅吸取前人的撰史经验，接受过去行之有效的治史方法，并根据当时情况和要求，进行了大胆创新，进一步开拓了纪传体史书叙事的范围，并在传体史书写作手法上总结积累出一定的经验；不完全囿于旧有的模式，而是针对东汉一代特有的社会风尚和特点，适时制宜地创设一些传目去反映，立传以类相从，叙事繁简得宜；史料充足，观点鲜明，"论""赞"褒贬，一语见地，笔锋犀利；在编撰上统筹全局，整体规划，认真剪裁。其缺点是：重文采，求简要；重门第，轻庶族；重政治，轻经济。

· 核心思想 ·

以宣扬儒家正统思想为基本内容，肯定王权秩序、赞美贤达忠义，鞭挞奸佞邪恶，颂扬忠贞名节等儒家正统思想，褒赞了大量的勤政爱民者，表现了对王权秩序和国计民生的维护，亦有褒扬避世隐逸、狂狷放达的道家玄学思想，还有对佛教思想的批判等。

· 价值影响 ·

《后汉书》创制并新增了7个类传，完善了合传编写的模式，为后世大多数纪传体史书承袭；首创《列女传》，打破了以往史书中拘于正统思想而除皇族女性外不为女性立传的禁例；编撰时妙手剪裁，表现出高超的史学技巧；公元185年首次记录了距离地球大约8000光年超新星（当时称之为"客星"）爆发事件，在人类天文史上有着重要影响。刘知几说："简而且周，疏而不漏。"王应麟说："史裁如范，千古能有几人？"

《三国志》

· 历史地位 ·

"前四史"之一，"二十四史"之一，一部纪传体断代史。

· 作者简介·

陈寿（233～297），字承祚（zuò），西晋巴西安汉（今四川省南充市西充县）人，西晋史学家。少好学，有志于史学事业，对于《尚书》《春秋》《史记》《汉书》等史书进行过深入的研究。当时，宦官黄皓专权，陈寿因为不肯屈从黄皓，屡遭遣黜。280年，西晋灭东吴，结束了分裂局面。陈寿当时48岁，开始撰写《三国志》，历经10年艰辛，完成了这部纪传体史学巨著。

· 内容简介·

陈寿以官修的王沈《魏书》、私撰的鱼豢《魏略》、官修的韦昭《吴书》为蓝本，自行采集，仅得《三国志》15卷。《三国志》是三国分立时期结束后文化重新整合的产物，完整地记叙了自汉末至晋初近百年间中国由分裂走向统一的历史全貌。因为其过于简略，没有记载王侯、百官世系的"表"，也没有记载经济、地理、职官、礼乐、律历等的"志"，不符合《史记》和《汉书》所确立下来的一般正史的规范。但是《三国志》善于叙事，文笔简洁，剪裁得当，备受赞许。《三国志》最早以《魏书》《蜀书》《吴书》三书单独流传。为了避免曹魏的《魏书》与南北朝时期北魏的《魏书》相互混淆，北宋王朝在咸平六年（1003）将三书合为一书，最终成书。其缺点是：缺少表志，内容匮乏；

原有史料删削（比如涉及少数民族的内容）过多。

· 核心思想 ·

名义上尊魏为正统，实际上却是以魏、蜀、吴三国各自成书，如实地记录了三国鼎立的局势，表明了它们各自为政，互不统属，地位相同。

· 价值影响 ·

《三国志》与前三史一样，都是私人修史。书成之后，受到了人们的好评。它叙事简略，很少重复，记事翔实，取舍严谨，文采斐然，描写精彩，行文简明干净，能在叙事中做到隐讳而不失实录，为后世历代史学家所重视，可称之为"良史实录"。

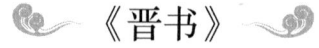
《晋书》

· 历史地位 ·

"二十四史"之一，一部唐代官修的晋代纪传体史书。

· 作者简介 ·

房玄龄（579~648），名乔，字玄龄，齐州临淄（今山东省淄博市临淄区北）人。唐朝初年名相、政治家、史学家，隋朝泾（jīng）阳令房彦谦之子。出身清河房氏。善诗能文，博览经史。18岁，举进士出身。唐太宗即位后，负责综理朝政，兼修国史，编纂《晋书》。房玄龄善于谋略，杜如晦处事果断，并称"房谋杜断"，名列"凌烟阁二十四功臣"。

· 内容简介 ·

《晋书》记载三国时期司马懿（yì）早年，下至东晋恭帝元熙二年（420）刘裕废晋帝自立，以宋代晋的历史。同时还以"载记"形式，记述了十六国政权的状况。原有叙例、目录各1卷，帝纪10卷，志20卷，列传70卷，载记30卷，共132卷。后来叙例、目录失传，今存130卷。同"二十四史"中的其他各史相比，《晋书》有4个特点——作者众多、体例创新、补旧史之不足、记载完备，相对公正客观。中国自唐太宗时开始设馆修史，修成六部正史，《晋书》便是其中的第一部。唐太宗亲自为《晋书》的《宣帝纪》《武帝纪》《陆机传》《王羲之传》分别写了史论。《晋书》由房玄龄等人负责监修，组织一批史家和学者，以南朝齐人臧荣绪所写的《晋书》为蓝本，同时参考其他诸家晋史和有关著作,"采正典与杂说数十部",兼引十六国所撰史籍,历经两年完成。其缺点是：体例不规范,内容重复,记述矛盾,记述荒诞(神怪故事),封建迷信色彩浓厚。

·核心思想·

淡化了华夷观念下的正统意识,显示出唐人对十六国史较为开明的"天下一家"的思想。

·价值影响·

《晋书》写出了两晋历史的全貌,弥补了以前史学著作的不足,内容很充实;突出地表现了作者对民族关系以及其他割据政权的历史的撰写,继承了《东观汉记》的"载记"的体例,创造性地记述了十六国的历史概貌。《晋书》问世后,"言晋史者,皆弃其旧本,竞从新撰"。

《宋书》

·历史地位·

"二十四史"之一,记述南朝刘宋历史的纪传体史书。

·作者简介·

沈约（441～513），字休文。吴兴武康（今浙江省德清县西）人，出身江南大族。历仕南朝宋、齐、梁三朝，曾自称"少好百家之言，身为四代之史"。沈约幼年流寓他乡，少时笃志好学，博通群籍，擅长诗文。官至尚书左仆射，后迁尚书令，领太子少傅。

·内容简介·

《宋书》全书100卷，含纪10卷、志30卷、列传60卷，记述南朝刘宋王朝自刘裕建基（420）至刘準首尾（477）58年的史事。作者根据何承天、徐爰等所著宋史旧本，旁采注纪，撰续成书，纪传部分成于南齐永明六年（488），诸志当成于隆昌元年（494）之后。全书以资料繁富而著称于史林，为研究刘宋一代历史的基本史料。各志工程巨大，内容详备，篇幅几占全书之半。志前有《志序》，详述前代修志情况，并上溯各志所记制度源流，可为考补前史缺志之助。从内容特色上来看，对《宋书》写人叙事的文笔进行分析，展示作者描摹人物、记载历史事件的特色，塑造历史人物形象上注意到向前代史书学习，人物类型丰富且富有感染力。其缺点是：回护现象十分严重，为尊者讳，党附萧氏，迷信思想大量出现。

·核心思想·

宣扬天命、佛教、预言，属于正宗儒家系统，宣传君权神授、天人感应的神学思想。

·价值影响·

从史学角度而言，文章收录繁杂，且多对世家大族的赞美之词，为豪门贵族立传，因此历来论史部者对沈约《宋书》评价不高。但回归文章本身，作为当时的大文学家，沈约对《宋书》中的文风有一定影响，有一定的文学价值和史学价值。

《南齐书》

·历史地位·

"二十四史"之一，现存关于南齐最早的纪传体断代史。

·作者简介·

萧子显（487～537），字景阳，南朝梁南兰陵（今江苏省常州市西北）人，南朝梁朝史学家、文学家。萧子显凭着他的才华、风度、谈吐的出众，受到梁武帝重用，官至吏部尚书。他"风神洒落，雍容闲雅，简通宾客，不畏鬼神"，又"颇负才气"，做吏部尚书时，"见九流宾客，不与交言"，只是举起手中的扇子一挥而已。但梁武帝倒是自始至终都把他看作一位"才子"。

· 内容简介 ·

《南齐书》全书60卷，现存59卷，是南朝梁记述了南朝萧齐王朝自齐高帝建元元年（479）至齐和帝中兴二年（502）的史事，是现存关于南齐最早的纪传体断代史。《南齐书》文字简洁，文笔流畅，叙事完备；列传的撰写，继承了班固《汉书》的类叙法，又借鉴沈约《宋书》的代叙法，能于一传中列述较多人物，避免人各一传不胜其烦的弊病。史学是萧子显所酷爱的事业，在他的49年的生命历史上，撰写了5部历史著作。后人为了区别萧子显的《齐书》和唐初李百药所撰的《齐书》，把前者称为《南齐书》，后者叫作《北齐书》。其缺点是：曲笔较多，志有不足。

· 核心思想 ·

对佛教宣传不断升级，宣扬神秘的思想、佛法深远，佛教势力不断发展，并取得国教地位。侧面反映了统治者自身的腐朽和没落。

·价值影响·

书中记录了科学家祖冲之创造指南车、千里船、水碓磨的过程和机械特点,介绍了创大明历的指导思想和大明历的具体特点,以及佛教传入中国及与中国传统思想融合的过程,为后人研究科技史、宗教史及文化史等留下了珍贵资料。

《梁书》

·历史地位·

"二十四史"之一,记述南朝梁一代历史的纪传体史书。

·作者简介·

姚思廉(557～637),字简之,字思廉,吴兴(今浙江省湖州市)人。自幼习史,曾任隋朝代王杨侑侍读、李世民秦王府文学馆学士、太子洗马等。贞观初年,又任著作郎,为唐初"十八学士"之一。姚思廉在撰史工作中,充分利用了其父已完成的史著旧稿。自贞观三年(629)

至贞观十年（636），历时7年，最终完成了《梁书》与《陈书》的撰写工作。姚察（533~606），字伯审，吴兴郡武康县（今浙江省湖州市德清县）人。南朝文学家、史学家，医学家姚僧垣之子，史学家姚思廉之父。聪明敏捷，颇能作文，得到器重，奉诏修撰《梁史》《陈史》。

· 内容简介 ·

《梁书》包含本纪6卷、列传50卷，无表、无志，记述了南朝萧齐末年的政治和萧梁皇朝（502~556）50多年的史事。姚思廉撰《梁书》，除了继承他父亲的遗稿以外，还参考、吸取了梁、陈、隋历朝史家编撰梁史的成果。《梁书》引用文以外的部分不以当时流行的骈体文，而以散文书写；比较详细地记载了"海南诸国"的情况，这是它超出以前史书的地方；强调英雄创造历史，同神意史观相比还是有进步意义的。其缺点是：曲笔隐讳多，轻视科技，过于简略，没有志、表，诏、策、表、疏过多，等等。

· 核心思想 ·

对萧衍建立梁政权和梁朝早期的治绩予以充分肯定，强调英雄创造历史，与神意史观相比有进步意义。

·价值影响·

史学思想有一定进步意义：思廉承旨而撰梁、陈二史，在新的历史条件下继承和发扬了其父亲以史为鉴的思想；注重人事的进步史观，多次总结梁代太清之乱和陈代祯明沦覆的历史经验，着重强调国家的治乱安危取决于人事情况而不是天命。清代史学家赵翼称赞《梁书》对历史的表述"行墨最简"，文字"爽劲"。

《陈书》

·历史地位·

"二十四史"之一，纪传体断代史著作，记南朝陈朝史。

·作者简介·

略。参见《梁书》。

·内容简介·

《陈书》共36卷，其中本纪6卷、列传30卷，无表、志，记载自陈武帝陈霸先即位（557）至陈后主陈叔宝亡国（587）前后31年间的史实，成书于贞观十年（636）。《陈书》在内容上和文字上都赶不上《梁书》，本纪和列传都过于简略，一是陈朝封建政权只存在了31年，在政治、经济、文化方面没有特别的建树，江河日下；二是反映了姚氏父子在史学功力上的差距。北宋人说，陈朝的特点就是苟且偷安，它没有什么"风化之美""制治之法"可以为后世效仿的，此话非虚。但《陈书》所记载的历史内容，有些还是有意义的。其缺点是：曲笔隐讳多，轻视科技，过于简略，没有志、表，诏、策、表、疏过多，等等。

·核心思想·

比较翔实地记载了有关南朝陈的历史，但存在很多避讳和溢美言辞，为统治阶级歌功颂德。

·价值影响·

保存了一定数量的哲学史、宗教史、民族关系、江南风俗等资料，是研究陈朝兴衰史的重要资料；在编次上较《梁书》更加严谨、合理。魏徵、曾巩、赵翼都认为，《陈书》在记述陈朝"其始之所以兴""其终之所以亡"方面，还是有其历史价值的。

《魏书》

·历史地位·

"二十四史"之一,一部纪传体断代史书,我国封建社会历史"正史"中第一部专记少数民族政权史事的著作。

·作者简介·

魏收(507~572),字伯起,小名佛助,巨鹿郡下曲阳县(今河北省晋州西)人。南北朝时期北齐大臣,文学家、史学家,北魏骠骑(piàoqí)大将军魏子建之子。魏收出身巨鹿魏氏,初仕北魏,再仕东魏,又仕北齐。魏收工诗善赋,文才著于北方,与温子昇、邢邵(shào)并称"北地三才子",又与邢邵并称"大邢小魏"。在史学方面,他曾受命联合诸人,撰写《魏书》,书成之后,因公正执笔而触怒权贵,被指称为"秽史"。

·内容简介·

《魏书》共124卷,其中本纪12卷、列传92卷、志20卷。因有些本纪、列传和志篇幅过长,又分为上、下卷,或上、中、下3卷,实共131卷。记述了我国北方鲜卑族拓跋部从4世纪末叶至6世纪中叶(即北魏道武帝至东魏孝静帝）的历史，内容涉及它的发展兴盛、统一北方、实现封建化和门阀化的过程，以及北魏、东魏与南朝宋、齐、梁三朝关系的历史，追叙拓跋氏的远祖至20余代的史事，大致阐述了拓跋氏的历史渊源。《魏书》中的《释老志》详细记载了佛教和道家在北魏时期的发展史，间接反映了北魏时期真实的社会风貌。由于这部分出色的内容，让《魏书》增色不少。其缺点是：详略不当，记述有缺，宣扬迷信，掺杂了大量主观感受，忽视了很多客观事实。

·核心思想·

《魏书》是一部皇朝史与民族史相结合的杰作，史论中所包含的鲜明的历史文化认同观念、统一意识、门阀观念等特点，明确反映了魏晋南北朝时期由民族纷争到民族融合，重新走向统一的历史过程；具有历史文化认同意识；提出了正统不是根据族称，而是以德相承的理论。

·价值影响·

《魏书》之价值在于没有更多的史书留存。《魏书》是我国封建社会历代"正史"中第一部专记少数民族政权史事的著作，以前只有少数民族历史记载的专篇；

反映时代特点方面具有自觉性，新增了《官氏志》《释老志》两篇，《官氏志》首记官制，后叙姓族，是反映北魏统治封建化、门阀化的重要文献；首创《释老志》，首次有史书记载佛道两教的流传及变革。此外，史论对全面认识北朝的史学发展，具有重要的参考价值。

《北齐书》

· 历史地位 ·

"二十四史"之一，一部专门记录北齐历史的纪传体断代史。

· 作者简介 ·

李百药（565～648），字重规，博陵安平（今属河北）人。隋唐时期政治人物、历史学家、诗人，博学好文。出身博陵李氏，以修史闻名。初仕隋朝，再仕唐朝，人品耿直，直言上谏，作《封建论》。

· 内容简介 ·

《北齐书》共50卷，纪8卷、列传42卷，记载上起北魏分裂前 10 年左右，接续北魏分裂、东魏立国、北齐取代东魏，下迄北齐亡国，前后 50 余年史实，而以记载北齐历史为主。它虽以记载北朝北齐的历史为主，但实际上记述了从高欢起兵到北齐灭亡前后约 80 年的历史，集中反映了东魏、北齐王朝的盛衰兴亡。流传过程中，《北齐书》散失非常严重，北宋时只有 1 卷本纪、16 卷列传是李百药的原文，其余 33 卷均为陆续订补而成。其缺点是：存在封建糟粕，部分失真。

·核心思想·

揭露了以高洋为代表的北齐统治者的淫逸残暴，集中反映了东魏、北齐王朝的盛衰兴亡。

·价值影响·

以史为鉴，记载丰富，体例可取，叙事简要。

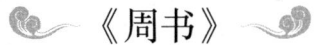

《周书》

·历史地位·

"二十四史"之一，一部主要记录北周历史的纪传体断代史。

·作者简介·

令狐德棻(fēn)(583~666),字季馨,宜州华原县(今陕西省铜川市耀州区)人。唐朝史学家、藏书家,以博涉文史知名。贞观三年(629),诏修梁、陈、齐、周、隋诸史,联合岑文本修《周书》;贞观十年(636)撰成《周书》。

·内容简介·

《周书》全书共50卷,本纪8卷、列传42卷,记述西魏及北周皇朝的史事,内容兼顾同时代的东魏、北齐、梁与陈等四朝的重大史事,对于帝位更迭、重大动乱,皆详加载明,反映了当时中国历史发展的大势及纷繁的历史事件。《周书》所记历史比较翔实,补充了其他史书的不足,是后世研究北周史的重要文献,例如经济史方面有征庸代役的开端,军事史方面有府兵制度的产生,民族史有突厥(tūjué)、稽胡(jīhú)的首次记载,阶级斗争的状况和门阀地主的显赫的记载等。其缺点是:《周书》的异域传混淆了当时国内少数民族和外国的界限,也有不少歪曲事实和侮辱性的记载;书中藐视农民起义,为唐初的"功臣"歌功颂德;想法为其在周代的祖先立传,不惜歪曲事实加以颂扬。

· **核心思想** ·

《周书》虽是记述西魏、北周皇朝史事的史书,但它着意于反映当时的历史全貌这一显著特点,在记载西魏、北周历史时,兼顾了同时代的东魏和北齐、梁、陈四朝的重大史事,政治的"迁废革兴,岁更月异,《周书》本纪一一书之,使阅者一览了然"。

· **价值影响** ·

《周书》在史料上的价值,如关于经济史方面的有征庸代役的开端的记载,关于军事史方面的有府兵制度的产生的记载,关于民族史方面的有突厥、稽胡的首次记载,关于阶级斗争的状况和门阀地主的显赫的记载等,这些都历来为人们所重视。赵翼说:"叙事繁简得宜,文笔亦极简劲。"

《隋书》

· **历史地位** ·

"二十四史"之一,现存最早的隋朝纪传体史书。

·作者简介·

魏徵（580～643），字玄成，魏郡内黄（今河南省内黄县）人。唐朝初年杰出的政治家、思想家、文学家和史学家。他多次直言进谏，推行王道，曾提出"兼听则明，偏听则暗""居安思危，戒奢以俭"，主张"薄赋敛""轻租税""息末敦本""宽仁治天下"等，对李世民的行动及施政给予极有益的影响，辅佐李世民共创"贞观之治"，名列"凌烟阁二十四功臣"第四位。

·内容简介·

《隋书》全书共85卷，其中帝纪5卷、列传50卷、志30卷；由多人共同编撰，分为两阶段成书，从草创到全部修完共历时35年。《隋书》保存了南北朝以来大量的典章制度为后人研究隋代以及前几朝的政治、经济、文化制度，包括礼仪、音乐、律历、天文、五行、食货、刑法、百官、地理、经籍等十志；叙述了自汉至隋凡600年中国书籍之存亡、学术之演变。《隋书》作者都是学有所长的专家，内容丰富、充实，在正史书志中，一直享有较高的声誉。《隋书》贯串了以史为鉴的思想内容，主编魏徵上书时说，"《诗》曰：'殷鉴不远，在夏后之世。'臣愿当今之动静。以隋为鉴，则存亡治乱可得而知"。唯其想到以史为鉴，所以对隋是如何灭亡的，对隋君臣上下骄奢淫逸的腐朽生活，可谓有淋漓尽致的描写和入木三分的揭露。《隋书》与其他同类史书相比，较少隐讳。比如，尽管虞世南在唐朝已成为唐太宗十分信任的大臣，但纪传中写到他哥哥虞世基的罪恶时，丝毫不加掩饰。其缺点是：在记述的准确性上存在一些失误；过分强调"天道"和"帝王之道"，是唯心主义观点。

·核心思想·

明确提出"以古为镜，可以见兴替"的看法；弘扬秉笔直书的优良史学传统，品评人物较少阿附隐讳。

·价值影响·

《隋书》保存了南北朝以来大量的典章制度，为后人研究隋代以及前几朝的政治、经济、文化制度，保留了丰富的资料。同时，它是对中国古代书籍和学术史的第二次总结，也是对中国学术文化史的一大贡献。《隋书·经籍志》吸取其长，正式将各类书籍标出经、史、子、集四大类，其下再分四十小类。这种图书分类法，为后世遵用达 1000 余年。

《南史》

·历史地位·

"二十四史"之一,记述南朝历史的纪传体史书。

·作者简介·

《南史》由李大师及其子李延寿编撰而成。李延寿(生卒年不详),字遐龄,唐代著名史学家,相州(今河南省安阳市和河北省临漳县一带)人,祖籍陇西郡狄道县(今甘肃省临洮县),出身陇西李氏姑臧(Gūzāng)房。贞观年间,独立撰成《南史》《北史》。李大师,字君威,相州人,南朝末期由隋入唐的历史学家。他熟悉前代历史,长于评论当代时事,他认为南北朝时期各朝的断代史,彼此孤立,记事重复,又缺乏联系,打算仿《吴越春秋》体例,采用编年体撰写《南史》与《北史》,使南朝与北国各代的历史,分别统编于这两部史著之中,后因事一度中辍。他在临终之前,因"所撰未毕,以为没齿之恨"。此后,由其四子李延寿继续撰成。

·内容简介·

《南史》共80卷,含本纪10卷、列传70卷,记述了上起宋武帝刘裕永初元年（420），下迄陈后主陈叔宝祯明三年（589）的历史。《南史》文字简明，事增文省，把南朝各史的纪传汇合起来，删繁就简，以便阅读，在史学上占有重要地位。列传中不同朝代的父子祖孙，以家族为单位合为一卷，对于了解门阀制度盛行的南北朝社会，有一定的方便。其缺点是：作者突出门阀士族地位，过多采用家传形式，将不同朝代的一族一姓人物不分年代集中于一篇中叙述，实际成为大族族谱；对各朝正史以删节为主，但有应删而未删的；引述比较简略。

·核心思想·

李氏父子立足民族融合、国家统一，体现"天下一家亲"，贯通南北朝，参考"杂史"千余卷，对南朝四书进行订谬纠误。

·价值影响·

《南史》进行体例创新，没有采取编年体，而是把南朝各史的纪传汇合起来；文字简明，事增文省，在史学上占有重要地位。《新唐书》对两书（《南史》《北史》）评价颇高，称"其书颇有条理，删落酿辞，过本书远甚"。

《北史》

· 历史地位 ·

"二十四史"之一,记述北朝历史的纪传体史书。

· 作者简介 ·

略。参见《南史》作者简介。

· 内容简介 ·

《北史》包含本纪5卷、齐本纪3卷、周本纪2卷、隋本纪2卷、列传88卷,共100卷,记述从北魏登国元年(386,丙戌年)到隋义宁二年(618)的历史,是汇合并删节记载北朝历史的《魏书》《北齐书》《周书》《隋书》而编成的纪传体史书。《南史》《北史》为姐妹篇,作者李延寿撰写这两部书,本是为了"追终先志",继承父亲李大师未竟的事业;撰写"二史"的方法是对"八书"(宋、齐、梁、陈、魏、齐、周、隋八书)进行"抄录"和"连缀",并"鸠聚遗逸,以广异闻""除其冗长,捃(jùn)其菁华"。李大师原来是打算"编年以备南北",而李延寿却以纪传体撰成《南史》《北史》,这种变化无碍于他们共同的目的和旨趣。在"二十四史"中,《史记》是完全意义上的通史,而《南史》是通刘宋、萧齐、萧梁、南陈4个皇朝的历史。《北史》是通北魏、东魏、西魏、北齐、北周、隋6个皇朝的历史，它们分别把南朝和北朝（包括隋朝）看作一个大的历史阶段，故可视为一定意义上的通史。李延寿说，他撰《南史》《北史》，是"以拟司马迁《史记》"，当然不只是指采用纪传体而言，也包含了"通"的思想和要求。但是，在以某一个皇朝的兴衰存亡为断限而著史的历史环境下，李延寿能够以数代之史为一史，"断代为仍行通法"，无疑是个创造。其缺点是：重唐臣之祖，删掉了史上有权而唐时无势者，凸显门阀士族，引述简略。

· 核心思想 ·

注重国家统一的思想和历史"通"的思想，将淝水之战至隋末动乱之间出现的各政权视为有机联系的整体，框定为北朝历史系统，以便揭示中华社会从分裂走向统一的曲折轨迹，体现唐初结束战乱的政治目标。此外，李延寿将父亲设定的编年体例改编成家传形式，从而在《北史》中融入颂扬门阀士族的主题思想。

·价值影响·

依据魏、北齐、北周、隋等几部断代史,加以删节、增补,改编而成,其中删《魏书》为多,补《北齐书》为多。由于《北史》在编纂体例上打通北朝至隋各朝代的断限,故形成了时间上的连贯性,弥补了各断代史的局限性。中华传统文明虽屡经辗转而终能长存不衰的重要原因,就在于普遍存在社会之中的宗族发挥了坚固凝聚的效应和相继接力的作用。《北史》凸显了在颠沛中顽强生存的宗族及其发展规律,这正是它独到的价值。

《旧唐书》

·历史地位·

"二十四史"之一,专门记录唐朝历史的纪传体断代史。

·作者简介·

刘昫(xù)(887~947),字耀远,冀州归义县(今河北省容城县)人。五代时期政治家。风仪优美,勤奋好学。长兴三年(932),拜中书侍郎兼刑部尚书、同平章事，成为宰相。后唐废帝即位，授吏部尚书，迁门下侍郎。后晋建立后，出任东都留守。后晋开运四年去世，成为《旧唐书》署名作者。

· 内容简介·

《旧唐书》共200卷，包括本纪20卷、志30卷、列传150卷。作品原名《唐书》，宋祁、欧阳修等所编著《新唐书》问世后，才改称《旧唐书》。《旧唐书》的修撰离唐朝灭亡时间不远，资料来源比较丰富。因为唐朝历代都修有实录，自唐初以来便在实录基础上撰写国史，吴兢、韦述所撰唐史也内容丰富。后梁、后唐两代都曾下令广泛征集唐史资料。后晋时，贾纬以所搜集的遗文和故旧传说等，编为《唐年补录》65卷。后晋高祖天福六年（941），石敬瑭命修唐史，由当时的宰相赵莹负责监修。尽管《旧唐书》存在着缺陷，但其同时也具有了不可抹杀的价值，例如保存了丰富的史料，记事比较详细，便于读者了解历史事件的过程和具体情况。其缺点是：出自众手，成书较速，未免疏漏。"惜乎简籍遗落，旧事十无三四，吮墨挥翰，有所慊然！"

· 核心思想·

吸取唐代兴衰治乱的经验教训；通过修史，进行忠奸善恶的褒贬。

·价值影响·

保存了丰富的史料，记事比较详细；保存了一些中国思想史、地理学史、民族政策与对外关系等的重要文献；纂修须按于旧章，忠实于唐代遗留下来的原始资料，真实地反映唐代不同时期的思想认识和时代风貌。

《新唐书》

·历史地位·

"二十四史"之一，记载唐朝历史的纪传体史书。

·作者简介·

《新唐书》由北宋时期宋祁、欧阳修等合撰而成。宋祁（998～1061），字子京，小字选郎。祖籍安州安陆（今湖北省安陆市），高祖父宋绅徙居开封府雍丘县（今河南省杞县），遂为雍丘人。北宋官员、著名文学家、史学家、词人。诗词语言工丽，因《玉楼春》词中有"红杏枝头春意闹"句,世称"红杏尚书"。曾与欧阳修等合修《新唐书》,《新唐书》大部分为宋祁所作,前后长达10余年。书成,进工部尚书,拜翰林学士承旨。欧阳修(1007~1072),字永叔,号醉翁,晚号六一居士,江南西路吉州庐陵永丰人,景德四年(1007)出生于绵州,北宋政治家、文学家。死后谥号"文忠",故世称欧阳文忠公。欧阳修是在宋代文学史上最早开创一代文风的文坛领袖,与韩愈、柳宗元、苏轼、苏洵、苏辙、王安石、曾巩合称"唐宋八大家",并与韩愈、柳宗元、苏轼被后人合称"千古文章四大家"。他领导了北宋诗文革新运动,继承并发展了韩愈的古文理论。在史学方面,也有较高成就,主修《新唐书》,独撰《新五代史》。有《欧阳文忠公集》传世。

·内容简介·

《新唐书》是北宋时期宋祁、欧阳修等合撰的一部记载唐朝历史的纪传体史书。全书共有225卷,包括本纪10卷、志50卷、表15卷、列传150卷,前后修史历经17年。《新唐书》系统论述唐代府兵等军事制度和科举制度,是我国正史体裁史书的一大开创;对唐人文献及唐史著作均审慎选择,删除当中的谶纬怪诞内容,裁减旧史本纪十分之七;所增列传多取材于本人的章奏或后人的追述,碑志石刻和各种杂史、笔记、小说都被采辑编入,新书诸志大多比旧志详细;

自司马迁创纪、表、志、传体史书后，魏晋至五代，修史者志、表缺略，至《新唐书》始又恢复了这种体例的完整性。因为列传部分出自宋祁之手，而欧阳修只是主持了志、表的编写，出于谦逊，同时欧阳修认为宋祁是前辈，所以他没有对宋祁所写的列传部分从全书整体的角度做统一工作，因而《新唐书》存在着记事矛盾、风格体例不同的弊端。其缺点是：大量史实错误，"事增"部分多不可信。

· 核心思想 ·

秉孔子修《春秋》之意，进行所谓"忠奸顺逆"的褒贬，并在《旧唐书》的类传的基础上，增添了卓行、奸臣、叛臣、逆臣等类传，又对原次序作了重新排列。

· 价值影响 ·

文采编纂方面，由宋代文豪主笔，自然文采粲然，体例严谨；史料考证上，征集、整理、增加了唐朝屯田、和籴、矿冶等方面的珍贵资料；体例创新上，第一次写出了《兵志》《选举志》，系统论述唐代府兵等军事制度和科举制度。这是我国正史体裁史书的一大开创，宰相、方镇诸表，为认识唐朝宰相族系的升降和藩镇势力的消长，提供了一条线索。

《旧五代史》

·历史地位·

"二十四史"之一，记述五代十国历史的纪传体史书。

·作者简介·

薛居正（912～981），字子平。开封府浚仪县（今河南省开封市）人。五代至北宋初年大臣、史学家。薛居正为后唐清泰二年（935）进士。历仕后晋、后汉、后周、北宋四朝。曾主持编撰《旧五代史》。太平兴国六年（981），薛居正因服丹砂而中毒死，时年70岁，谥号文惠。咸平二年（999），配飨太宗庙庭。为昭勋阁二十四功臣之一。

·内容简介·

《旧五代史》原名是《五代史》，也称《梁唐晋汉周书》，由宋太祖诏令编纂的官修史书。书中可参考的史料相当齐备，五代各朝均有实录。《旧五代史》共

150卷，纪61卷、志12卷、传77卷，记述了从公元907年朱温代唐称帝到公元960年北宋王朝建立期间后梁、后唐、后晋、后汉、后周等五代十国的历史。《旧五代史》中五代各自为书，按五代断代为书，《梁书》《唐书》《晋书》《汉书》《周书》各10余卷至50卷。这种编写体例使全书以中原王朝的兴亡为主线，以十国的兴亡和周边民族的起伏为副线，叙述条理清晰，较好地展现了这段历史的面貌。对于南方和北汉十国以及周围少数民族政权如契丹、吐蕃等，则以《世袭列传》《僭（jiàn）伪列传》《外国列传》来概括。因此这部书虽名为五代史，实为当时整个五代十国时期各民族的一部断代史。其缺点是：成书太快，来不及对史料加以慎重的鉴别，有的照抄五代时期实录，书中存在歪曲史实和溢美人物的不实之词；宣扬天命、运数、报应；完全否定一切农民起义；把国内少数民族政权称为"外国"。

· 核心思想 ·

保留了五代时期每个朝代的统治者立场，还原封建王朝统治者的思想。

· 价值影响 ·

《旧五代史》编写者大部分在五代时期生活过一段，对这段历史比较了解，保存了人物传记的第一手的资料，史料较为丰富。

《新五代史》

· 历史地位 ·

"二十四史"之一，唐代以后唯一私修正史。

· 作者简介 ·

欧阳修（1007～1072），字永叔，号醉翁，晚号六一居士，江南西路吉州庐陵永丰人，景德四年（1007）出生于绵州，北宋政治家、文学家。死后谥号"文忠"，故世称欧阳文忠公。欧阳修是在宋代文学史上最早开创一代文风的文坛领袖，与韩愈、柳宗元、苏轼、苏洵、苏辙、王安石、曾巩合称"唐宋八大家"，并与韩愈、柳宗元、苏轼被后人合称"千古文章四大家"。他领导了北宋诗文革新运动，继承并发展了韩愈的古文理论。在史学方面，也有较高成就，主修《新唐书》，独撰《新五代史》。有《欧阳文忠公集》传世。

· 内容简介 ·

《新五代史》原名《五代史记》，全书共74卷，本纪12卷、列传45卷、考3卷、世家及年谱11卷、四夷附录3卷。记载了自后梁开平元年（907）至后周显德七年（960）的历史。《新五代史》撰写时，改变了旧五代史的编排方法，打破了朝代的界限，把五朝的本纪、列传综合在一起，依时间的先后进行编排；把列传分为《各朝家人传》《死节传》《死事传》《一行传》《杂臣传》。就历史资料方面而言，新五代史和旧五代史是可以互为补充的。其缺点是：褒贬有值得争议处；叙事过简，史事流失；删削不当。

· 核心思想 ·

贯穿了儒家思想"春秋笔法"，立场分明，言简意赅。

· 价值影响 ·

《新五代史》是宋欧阳修撰纪传体史书，增加了《旧五代史》所未能见到的史料（如《五代会要》《五代史补》等），内容更加翔实，但对旧"志"部分大加繁削，则不足为训，史料价值要略逊一筹。《新五代史》

是唐宋以后唯一的一部私修正史,在中国史学史尤其是唐宋以后史学史上有着十分重要的地位。

《宋史》

·历史地位·

"二十四史"之一,记述宋朝历史的纪传体史书,中国"二十四史"中最庞大的一部史书。

·作者简介·

脱脱(1314~1356),蔑里乞(qǐ)氏,字大用,蒙古族蔑儿乞部人,元朝末年政治家、军事家。至正三年(1343),主编《辽史》《宋史》《金史》,任都总裁官。担任丞相期间,成绩卓著,赢得民心,被赞誉为"贤相"。至正十四年(1354),脱脱遭朝中政敌弹劾,被革职流放于亦集乃路、云南等地。《元史》称其"功施社稷而不伐,位极人臣而不骄,轻货财,远声色,好贤礼士,皆出于天性。至于事君之际,始终不失臣节,虽古之有道大臣,何以过之"。阿鲁图,蒙古族阿儿剌部人,著名元朝末期重臣。继脱脱之后,主持了纂修辽、金、宋三史。

· 内容简介 ·

《宋史》共496卷。其中本纪47卷、志162卷、表32卷、列传255卷,史料丰富,叙事详尽,卷帙浩繁,对于宋代的社会状况以及历史人物都做了较为详尽的记载;共2000多人的列传,比《旧唐书》列传多出一倍;志共有15志,约占全书1/3,分量在"二十四史"中也是很大的,其中《职官志》详细地记述了宋朝从中央到地方各级官僚机构的组织情况,《食货志》《兵志》亦编得好,叙述之详,为"二十四史"中所仅见;体例完备,融会贯通了以往纪传体史书所有体例,而且有所创新。两宋时期,经济繁荣,文化学术活跃,雕版印刷盛行,编写的史书,便于刊布流传。科举制的发展,形成庞大的文官群,他们的俸禄优厚,有很好的条件著述。加之统治者重视修撰本朝史,更促成宋代史学的发达。其缺点是:因成书仓促,故详北宋而略南宋,而资料剪裁、史实考订亦颇多错误。

· 核心思想 ·

《宋史》尊奉道学(理学)的思想倾向很明显。在《儒林传》之前,首列《道学传》,记载两宋道学家,突出道学地位;《忠义》《孝义》《列女》三传宣扬道学思想，《忠义传》旨在宣扬封建的伦理道德；否定王安石变法，尊崇道学，将变法派相关任务列入奸臣传。

· 价值影响 ·

《宋史》的主要史料来源是宋代的国史、实录、日历等宋朝史官的原始记述，《宋史》比较全面、系统地反映了政治、经济、军事、思想、文化等各个方面的状况，内容广泛而丰富，史料价值相当高。《宋史》是保存宋朝官方史料和私人著述最系统全面的一部史书，具有相当高的史料价值。宋代文治武功略逊汉唐，但经济的发达、文化的昌明、思想的繁荣则远超汉唐。近代大史学家陈寅恪认为，中华民族传统文化经数千年之演变，造极于天水一朝。而要了解这一光辉灿烂的时代，《宋史》将是一部很好的入门参考书。

《辽史》

· 历史地位 ·

"二十四史"之一，记述辽朝契丹族历史的纪传体史书。

· 作者简介 ·

《辽史》由脱脱、阿鲁图等人编纂而成。脱脱、阿鲁图简介参见《宋史》作者简介。

· 内容简介 ·

《辽史》共116卷,包括本纪30卷、志32卷、表8卷、列传45卷,以及国语解1卷,记载上自辽太祖耶律阿保机,下至辽天祚帝耶律延禧的辽朝历史,兼及耶律大石所建立之西辽历史。辽朝是10世纪至12世纪前期契丹族在中国北部、东北部以至西北部辽阔地区建立的强大王朝。辽朝和历代封建政权一样,设立史官,撰写起居注、日历,纂修实录。历次所修的实录,最后由耶律俨综合编订成书,后人称之为《耶律俨实录》。由于《耶律俨实录》和陈大任《辽史》都已失传,元修辽史成了现存唯一的一部比较系统、完整地记载辽的官修史书。它提供了一些研究当时阶级斗争、生产斗争、民族关系等问题的材料。其缺点是:成书仓促,依据史料范围比较狭窄;内容贫乏,汉人记述太少;史实不完备,无汉军制度;开国、亡国时史料误缺极多。

· 核心思想 ·

辽朝受汉族文化影响很大并接受了汉族文化，受中原皇朝重视史学的传统的影响，能坚持史学的优良传统，秉笔直书。

· 价值影响 ·

《辽史》是现存比较系统、完整地记载了辽朝历史事实的著作，其珍贵和重要性不言而喻：提供了一些研究当时阶级斗争、生产斗争、民族关系等问题的材料，保存了一些研究契丹以外各族历史以及中外关系史的参考资料。

《金史》

· 历史地位 ·

"二十四史"之一，反映女真族所建金朝的兴衰始末的重要史籍。

· 作者简介 ·

欧阳玄（1283~1358），字原功，号圭斋，又号霜华山人、平心老人。中国元代官员、史学家、文学家、书法家。欧阳玄自幼博学，延祐元年（1314）为湖广省试第一。延祐二年（1315），成探花。在地方颇著治绩。后召入朝任翰林待制兼国史编修。曾负责编修《四朝实录》，并担任《宋史》《辽史》《金史》的总裁官。在史学、文学、书法等方面均有造诣。其文章、书法极负盛名。后世将其与吴澄、虞集、揭傒斯（Jiēxīsī）并称为"元四学士"。

·内容简介·

《金史》全书135卷。其中本纪19卷、志39卷、表4卷、列传73卷，记载了上起金太祖完颜阿骨打出生（1068），下至金哀宗天兴三年（1234）蒙古灭金，共167年的历史。《金史》是宋、辽、金三史中编撰得最好的一部，其中欧阳玄的贡献最为突出。他制订《金史》撰修的发凡举例，书中的论、赞、表、奏皆他属笔。历代对《金史》的评价很高，认为它不仅超过了《宋史》《辽史》，也比《元史》高出一筹：首先在编纂体例和内容方面，便有许多超越前史的独特之处：回顾了女真族建国前的历史，从而保存了女真族早期历史的珍贵材料；在各本纪的末尾，设立了《世纪补》一篇，专门记述了未曾即位称帝，而被后代追认的几位皇帝的事迹，为后代修史者所继承；在最末尾专立《金国语解》一篇，用汉语标出了表示在官称、人事、物象、姓氏等等之中的女真语称谓，是参照释读《金史》及研究女真语言文字的重要资料；根据具体需要，创立了《交聘表》，以编年体表格的方式记述了金朝与邻国的和战及来往关系，形式新颖，内容清晰。其次，在史料剪裁及记述方面，处理也比较得体，对重要历史事件、人物一般记载比较详细，从而反映出其历史全貌，避免了像《宋史》那样详略失当、比例失调的现象。记述历史事实也比较客观审慎，因而真实性是比较可靠的。其缺点是：史料搜集不力，照搬《金实录》而不加辨别，传记不全，部分年号存疑。

· 核心思想 ·

体现了同华、同夏与同汉"天下一家"的大一统观念。

· 价值影响 ·

《金史》编得好，是由于原有底本比较好及金政府注重史书的编纂工作。《金史》保存了女真族早期历史的珍贵材料，《金国语解》是参照释读《金史》及研究女真语言文字的重要资料，以编年体表格的方式记述了金与邻国关系，以"实录"为依据，史料翔实可信。历来对《金史》的评价很高。它不仅超过了《宋史》

《辽史》，也比《元史》高出一筹："首尾完密，条例整齐，约而不疏，赡而不芜，在三史之中独为最善。"

《元史》

·历史地位·

"二十四史"之一，系统记载元朝兴亡过程的一部纪传体断代史。

·作者简介·

宋濂（1310～1381），初名寿，字景濂，号潜溪，别号龙门子、玄真遁叟（dùnsǒu）等，汉族。祖籍金华潜溪，后迁居金华浦江。元末明初著名政治家、文学家、史学家、思想家，与高启、刘基并称为"明初诗文三大家"，又与章溢、刘基、叶琛并称为"浙东四先生"。被明太祖朱元璋誉为"开国文臣之首"，学者称其为太史公、宋龙门。宋濂自幼多病，且家境贫寒，但他聪敏好学，号称"神童"。明初时受朱元璋礼聘，被尊为"五经"师，为太子朱标讲经。洪武二年（1369），奉命主修《元史》。宋濂与刘基均以散文创作闻名，并称为"一代之宗"。

·内容简介·

《元史》全书210卷,包括本纪47卷、志58卷、表8卷、列传97卷,保存并记载了元代的13朝实录和《经世大典》,让这部分史料得以流传;本纪和志占去全书一半,而本纪占全书近1/4,却起到保存上述失传史料的作用。历代对于《元史》的批评,主要认为它的编纂工作过于草率,没有认真地融会贯通,基本上都是利用已有的文献资料,略加删削修改而成。

·核心思想·

朱元璋在建国之初,立即着手组织《元史》的编纂,征集史臣和色目人编次成书,主要出于政治上的需要。他的意图是以此来说明"元朝的灭亡和明朝的兴起都出于天命",而他自己则是"奉天承运"的真命天子。宋濂修《元史》时,遵照朱元璋的意图,强调"文词勿致于艰深,事迹务令于明白"。

·价值影响·

《元史》是了解、研究元代历史的极其珍贵的文献,也是最早的全面、系统记述元代历史的著作,称得上是一部较好的正史,史料来源较多(一是实录,二是《经世大典》,三是文集碑传,四是采访),明修元史多照抄史料，所以保存了大量原始资料和大量失传的史料，例如金朝、元朝时期佛教、道教各流派的相关资料。

《明史》

·历史地位·

"二十四史"之一，专门记载明朝兴亡过程的一部纪传体断代史。

·作者简介·

张廷玉（1672～1755），字衡臣，号砚斋，安徽桐城人。清朝杰出政治家，大学士张英次子。康熙三十九年（1700）进士。乾隆帝即位后，君臣渐生嫌疑，晚景凄凉，致仕归家。死后配飨太庙，是整个清朝唯一配飨太庙的文臣、汉臣。

·内容简介·

《明史》共332卷，包括本纪24卷、志75卷、列传220卷、表13卷，另有目录4卷。记载了自明太祖朱元璋洪武元年（1368）至明思宗朱由检崇祯十七年

（1644）277年的历史。该书取材于《明实录》《大明会典》、档册、邸报，以及文集、奏议、稗史、方志、传记等有关著述和材料，由于有著名史家万斯同等的整理和考订，该书体例严谨，叙事清晰，编排得当，文字简明，引述的资料具有较高的史料价值。《明史》体例多有不同于前代正史或其他史书者。建文、景泰两朝均列为本纪，不同于《明实录》的附录形式；《历志》中的图表，简便易明，为过去所未有；《艺文志》只记述明代著述，不同于前代正史中的《艺文志》；在表的部分，较前代诸史增加了《七卿表》；另专门立有《阉党》《流贼》《土司》等列传，突出记述了明代的主要社会问题，为了解明代宦官、明代农民起义和明代民族关系，提供了比较集中、系统的材料。其缺点是：修史过程拖沓，人员芜杂，致使史识卑下；违乱体例；内容矛盾；史据不足；粗率失真；引文疏误。

·核心思想·

总结明代盛衰的经验教训。在编撰时，广泛地收集史料，批评性地对待有关文献资料，参与编辑者职责分明，使得《明史》质量较高。

· 价值影响 ·

《明史》是一部水平较高的史书，主要体现在编纂得体、材料翔实、叙事稳妥、行文简洁，编者对史料的考订、史料的运用、对史事的贯通、对语言的驾驭能力达到较高的水平，其编纂时间之久（95年）、用力之勤、记述之完善则是大大超过了以前诸史。《明史》虽有一些曲笔隐讳之处，但仍得到后世史家广泛的好评。赵翼评价说："近代诸史，自欧阳公《五代史》外，《辽史》简略，《宋史》繁芜，《元史》草率，惟《金史》行文雅洁，叙事简括，稍为可观，然未有如《明史》之完善者。"一本被列入禁书名单的书，被认为有特殊价值，从而被小心地保存下来。禁令实际上是最有效的广告形式。《剑桥中国史》评价道："在'二十四史'中，《明史》被列为编纂得最仔细因而也是最可靠的史书之一。"

《新元史》

· 历史地位 ·

"二十五史"（"二十四史"外，加上《新元史》）

之一或"二十六史"("二十四史"外，加上《新元史》《清史稿》)之一，记述元朝历史的纪传体史书。

·作者简介·

柯劭忞(Kē Shàomín)(1848~1933)，字仲勉，晚号蓼(liǎo)园，室名岁寒阁。山东省胶州市大同村人，清末至民国时官吏，近代学者。柯劭忞出身书香门第，于清德宗光绪十二年(1886)进士，清朝灭亡、民国成立后，感念前朝恩泽，以逊清遗老自居。曾独力撰著《新元史》，被日本东京帝国大学赠文学博士学位。柯劭忞博闻强记，治学广博，于经史、诗文、金石、历算等方面均有精深的造诣，后人誉为"钱大昕(xīn)后第一人"。

·内容简介·

《新元史》全书共257卷，包括本纪26卷、表7卷、志70卷、列传154卷。它以《元史》为底本，重加编撰，前后用了30年时间才完成。北洋政府总统徐世昌，下令把《新元史》列入正史，1922年刊行于世。这样，原来中央政府承认的官修史书"二十四史"就成了"二十五史"，若再加上《清史稿》则称为"二十六史"。由于明代的《元史》编纂工作过于草率，错误百出，后代学者皆呼吁重修元史。柯劭忞以《元史》为底本，利用明清有关元史的研究，吸收了西方有关元史的研究成果，斟酌损益，重加编撰，体例基本沿袭旧史，内容更充实，重修新史。

· 核心思想 ·

站在封建地主阶级的立场，宣扬旧思想、旧观念，鼓吹忠君思想和官吏专权，诬蔑和仇视农民起义，表现出与前进着的时代思潮的悖逆。

· 价值影响 ·

《新元史》是近代篇幅巨大的一部断代史，集明、清学者研究元史之大成，以一人之力成此巨著，功不可没。中外学术界对《新元史》也作了很高评价，认为此书集500多年各家研究之大成，补充了许多新内容，纠正了不少错误，"学识赅搏，精力绝伦"。近人李思纯说："其书兼具全部改造与详备博赡（bóshàn）之二种长处。中国元史学之有柯劭忞，正如集百川之归流以成大海，集众土之积累以成高峰。"

《清史稿》

·历史地位·

"二十五史"之一或"二十六史"之一,记述清朝历史的纪传体史书。

·作者简介·

赵尔巽(xùn)(1844～1927),字公镶,号次珊,清末汉军正蓝旗人,奉天铁岭人,祖籍山东蓬莱,清末民初政治家、改革家。赵尔巽于同治十三年(1874)进士及第,授翰林院编修。民国三年(1914),任清史馆总裁,主编《清史稿》。袁世凯称帝时,被尊为"嵩山四友"之一。

·内容简介·

《清史稿》全书共有536卷。其中本纪25卷、志142卷、表53卷、列传316卷,是中华民国初年由北洋政府设馆编修,以纪传为中心,记载整个大清帝国的重要历史事件、历史人物,上起1616年清太祖努尔哈赤在赫图阿拉建国称汗,下至1912年清朝灭亡,共297年的历史。《清史稿》自1914年设立清史馆起,编修工作历时14年,先后参加编写的有柯劭忞等100

多人。它依据的大部分材料如《清实录》、清代的国史列传、《清会典》和一些档案等,今天可见到。但编者把大量资料汇集起来,初步作了整理,这就使后人能够得到比较详细系统的有关清代史事的素材。其缺点是:由于成于众手,彼此照应不够,完稿后又未经仔细核改,刊行时校对也不认真,是以体例不一,繁简失当,以致年月、事实、人名、地名的错误往往可见。

· 核心思想 ·

站在清王朝的立场来写清史;《清史稿》是"作为史稿披露"的"急就之章","并非视为成书",未依中国传统正史体例编写的清朝史书,但《清史稿》集中并系统整理了有清一代的史料,为后人研究清代历史积累了丰富的素材。

· 价值影响 ·

《清史稿》汇集了比较丰富的清史资料,包括清廷档案、私家著述和文化典籍,保存比较完整,这就为编写《清史稿》提供了充实的原始资料。《清史稿》取材"以实录为主,兼采国史旧志及本传,而参以各种记载,与夫征访所得,务求传信"。

《国语》

· 历史地位 ·

我国最早的一部国别体史书。

· 作者简介 ·

左丘明（生卒年不详），春秋末期史学家、文学家、思想家、散文家。曾任鲁国史官，相传为解析《春秋》而作《左传》(又称《左氏春秋》)，又作《国语》，作《国语》时已双目失明。两书记录了不少西周、东周春秋的重要史事，保存了具有很高价值的原始资料；由于史料翔实，文笔生动，引起了古今中外学者的爱好和研讨。左丘明被誉为"文宗史圣""经臣史祖"，孔子、司马迁均尊左丘明为"君子"。史学界推左丘明为中国史学的开山鼻祖。左丘明被誉为"百家文字之宗、万世古文之祖"。左丘明的思想是儒家思想，在当时较多地反映了人民的利益和要求。

· 内容简介 ·

《国语》共21卷。其中周语3卷、鲁语2卷、齐语1卷、晋语9卷、郑语1卷、楚语2卷、吴语1卷、越语2卷，记录了上起周穆王十二年（前965）西征犬戎，下至智伯被灭（前453），前后500余年的历史，内容涉及春秋时期的经济、财政、军事、兵法、外交、教育、法律、婚姻等各种内容，对研究先秦时期的历史非常重要。《国语》相传是春秋时期左丘明所撰，其编纂方法是以国分类，以语为主，故名"国语"。至唐，始有人疑问，或谓之西汉刘向校书所辑，或谓多人在不同的历史时期陆续编成，近代包括康有为在内的多位学者怀疑是战国或汉后的学者托名春秋时期各国史官记录的原始材料整理编辑而成的，将存疑考证。

·核心思想·

具有很强的伦理倾向，弘扬德的精神，尊崇礼的规范，突出忠君思想，认为"礼"是治国之本，反对专制腐败，重视民意民生，崇尚礼贤下士。

·价值影响·

从史学和文学成就看，《国语》不如《左传》，但《国语》的艺术特色表现在长于记言，有虚构故事情节，笔法缜密、生动、精练、真切；语言质朴，比《左传》前进了一步；开创了以国分类的国别史体例，对后世产生了很大影响，陈寿的《三国志》等，都是《国语》体例的发展。

《战国策》

·历史地位·

战国时期谋臣策士游说和辩论的国别体史书。

·作者简介·

刘向（约前77～前6），原名更生，字子政，西汉末年经学家、目录学家、文学家，沛县（今属江苏省）人，汉皇族楚元王刘交四世孙，历任散骑谏大夫、散骑宗正、光禄大夫等职。曾奉命领校秘书，撰《别录》，其后以《别录》为基础，撰成《七略》，这是中国最早的目录学著作。

·内容简介·

《战国策》又称《国策》，共33卷，分东周、西周、秦、楚、齐、赵、魏、韩、燕、宋、卫、中山12国的"策"论，约15万字，全书现存497篇。内容以战国时期策士的游说活动为中心，反映了战国时期的历史特点和社会风貌，是研究战国历史的重要典籍。《战国策》的思想观念，与当时的史书等截然不同。刘向在序中说："战国之时，君德浅薄，为之谋策者，不得不因势而为资，据时而为画。故其谋扶急持倾，为一切之权；不可以临教化。"《战国策》善于述事明理，描写人物形象逼真，大量运用寓言、譬（pì）喻，语言生动，富于文采。无论个人陈述或双方辩论，都具有很强的说服力，所以也是一部优秀的散文集，对中国两汉以来史传文政论文的发展有相当影响。其缺点是：在书的内容上每一章都不太有联系，相互独立不够系统化；史料比较杂乱，部分篇章可信度不高。

· 核心思想 ·

《战国策》是一部反映战国时期乱世策士为诸侯国君兼并他国效力服务的"乱世之书"，体现了纵横家的思想倾向，反映出战国时期思想活跃、文化多元的历史特点，最突出的是体现了重视人才（尚士）的政治思想。

· 价值影响 ·

《战国策》的文学成就非常突出，在中国文学史上，标志着中国古代散文发展的一个新时期，文学性非常突出，尤其在人物形象的刻画、语言文字的运用、寓言故事等方面具有非常鲜明的艺术特色。书中出现了以人物为中心的纪传体雏形，到《史记》时这种纪传体正式形成；作为先秦典籍，其中的语言对于研究古汉语有其意义。

《资治通鉴》

·历史地位·

一部多卷本编年体通史，与《史记》并称为中国史学上的"两颗明珠"。

·作者简介·

司马光（1019～1086），字君实，号迂叟，陕州夏县（今属山西）涑（sù）水乡人，世称涑水先生。北宋政治家、史学家、文学家，自称西晋安平献王司马孚之后代。宋仁宗宝元元年（1038），进士及第，累迁龙图阁直学士。宋神宗时，反对王安石变法，离开朝廷15年，主持编纂了编年体通史《资治通鉴》。从祀于孔庙，称"先儒司马子"；从祀历代帝王庙。为人温良谦恭、刚正不阿；做事用功，刻苦勤奋。以"日力不足，继之以夜"自诩，堪称儒学教化下的典范。《资治通鉴》的缺点是：受时代和阶级的局限，在对待农民起义问题上，其立场与观点大有问题；着重于政治与军事的着墨，对于经济方面记载不多，文化、艺术、宗教谈得更少；在体例上也有失当的地方，如年号问题等。现代历史学家岑仲勉所著《通鉴隋唐纪比事质疑》中，自称纠正《资治通鉴》谬误达670余条。

· 内容简介 ·

《资治通鉴》共294卷，按照朝代分为16纪——《周纪》5卷、《秦纪》3卷、《汉纪》60卷、《魏纪》10卷、《晋纪》40卷、《宋纪》16卷、《齐纪》10卷、《梁纪》22卷、《陈纪》10卷、《隋纪》8卷、《唐纪》81卷、《后梁纪》6卷、《后唐纪》8卷、《后晋纪》6卷、《后汉纪》4卷、《后周纪》5卷，300多万字，历时19年完成。《资治通鉴》主要以时间为纲，事件为目，从周威烈王二十三年（前403）写起，到五代后周恭帝显德元年（959）征淮南停笔；涵盖16朝1362年的历史，隋唐五代的379年占了全书28%，史料价值很高；对于历史上的君主，根据其才能划分为创业、守成、陵夷、中兴、乱亡5类。

· 核心思想 ·

主张礼治和德治，"礼"是行为准则，属于意识形态范畴；"德"是礼的伦理基础，同时又为"礼"所强化。

·价值影响·

《资治通鉴》在中国官修史书中占有极重要的地位,在文化、科技、经济、军事等方面均有丰富的内容记载;开创了编年体史书多功能目录的新体例,将中国的历史书籍编纂推进到新水平。在这部书里,司马光总结出许多经验教训,供统治者借鉴。宋神宗认为此书"鉴于往事,有资于治道",所以定名为"资治通鉴"。曾国藩说:"窃以先哲惊世之书,莫善于司马文正公之《资治通鉴》,其论古皆折衷至当,开拓心胸。"梁启超说:"司马温公《通鉴》,亦天地一大文也。"毛泽东说:"一十七遍。每读都获益匪浅。一部难得的好书……中国有两部大书,一曰《史记》,一曰《资治通鉴》。"

《水经注》

·历史地位·

我国6世纪前最全面最系统的综合性地理著作。

· 作者简介 ·

郦道元（？～527），字善长，范阳涿州（今河北省涿州市）人。北魏时期官员、地理学家，青州刺史郦范的儿子。郦道元以父荫入仕，袭封永宁伯。武泰初年，获赠吏部尚书、冀州刺史、安定县男。著有《水经注》40卷，成为中国游记文学的开创者，对后世游记散文的发展影响颇大。

· 内容简介 ·

《水经注》因注《水经》而得名，共40卷，1万余字，记述了1252条河流的发源地点、流经地区、支渠分布、古河道变迁等情况，同时还记载了大量农田水利建设工程资料，以及城郭、风俗、土产、人物等，《唐六典·注》说其"引天下之水，百三十七"。《水经注》看似为《水经》之注，实则以《水经》为纲，详细记载了一千多条大小河流及有关的历史遗迹、人物掌故、神话传说等，是中国古代最全面、最系统的综合性地理著作。该书还记录了不少碑刻墨迹和渔歌民谣，文笔绚烂，语言清丽，不仅对研究中国古代的历史、地理有很高的参考价值，还具有较高的文学价值。此外，《水经注》是一部颇具特色的山水游记，郦道元以饱满的热情，深厚的文笔，形象、生动地描述了祖国的壮丽山川。其编写特点主要是：一是例义谨严。凡经文均以"过"字叙述水的流行所经之地，凡注文则以"径（jìng）"字作为叙述水的流经之地的标志。二是确定"径见"（目验）的鉴定标准，强调实践第一的精神。三是提出一个"经之误正"的论点，大胆指出经文水道的讹误。四是作注于所见石刻，有的存录，有的考证。

· **核心思想** ·

作者是在借山水的壮美，表达对祖国、对中华文明的无限热爱。中国传统文化中自古强调"文以载道"，郦道元生活在南北朝时期的北魏，到处狼烟四起，国家四分五裂，郦道元以《水经》近20倍的优美文字，不仅向我们展示了一个美丽的中国，还寄托着对民族融合、国家统一的强烈愿望，流露出中国文人"先天下之忧而忧，后天下之乐而乐"的抱负胸襟及家国情怀。

· **价值影响** ·

《水经注》对于中国地理学的发展做出了重要贡献，在中国和世界地理学史上有重要地位。《水经注》

中山川景物的描写，还被作为文学作品受到后人高度评价。郦道元在给《水经》作注过程中，十分注重实地考察、调查研究、博览群书、查看地图，虽是注释《水经》，却是在《水经》基础上的再创作，内容比《水经》更丰富，是我国最全面、最系统的综合性地理著作。该书记录了不少碑刻墨迹和渔歌民谣，文笔绚烂，语言清丽，具有较高的文学价值，是中国第一部记述河道水系的专著，对研究中国古代的历史、地理有很多的参考价值。作者所录石刻，纠正了《洛阳伽（qié）蓝记》所颠倒了的一字石经与三体石经先后的记述错误，又保存了世界上最早的水文实录；所开创的碑刻文物之学，成为宋人金石之学的先导，有重要的学术价值。

《徐霞客游记》

·历史地位·

一部以日记体为主的地理学著作、散文游记。

·作者简介·

徐霞客（1587~1641），名弘祖，字振之，号霞客，南直隶江阴县（今属江苏）人，明代地理学家、旅行家和文学家，他近30年考察，足迹遍及今21个省、市、自治区，撰成60余万字地理名著《徐霞客游记》，被称为"千古奇人"。《徐霞客游记》开篇之日（5月19日）被定为中国旅游日。

·内容简介·

《徐霞客游记》全书60余万字，记述了作者1613年至1639年间旅行观察所得，对地理、水文、地质、植物等现象进行了详细的记载，是系统考察中国地貌地质的开山之作，描绘了中国大好河山的风景资源，文字也格外优美，在地理学和文学上都有着重要的价值。世传本有10卷、12卷、20卷等数种。其艺术特色主要是：一是景物描写不仅贴近现实，而且十分准确。徐霞客"欲尽绘天下名山胜水为通志"，为了达到"尽"的标准，对景观的描写十分全面，景观中的山、石、水、云、雾都十分生动，活灵活现。二是具有高超的语言驾驭能力，灵动传神，善于使用比喻、排比和对比等各种修辞手法。

・核心思想・

表达了作者对山水的热爱，对国家的热爱，体现出徐霞客强烈的爱国主义精神。

・价值影响・

书中描写事物所采用的清新优美文笔，使读者爱不释手，不少名家有过中肯的评论：涵盖面甚广，对于中国地理研究、文化古迹保护、宗教传播有着极其重要的价值，被认为是晚明时期一部跨越文学与科学的著作。钱谦益说："霞客先生游览诸记，此世间真文字、大文字、奇文字，不当令泯灭不传，仁兄当急为编次，谋得好事者授梓，不惟霞客精神不磨，天壤间亦不可无此书也。"李约瑟说："《徐霞客游记》读来并不像是十七世纪的学者所写的东西，倒像是一位二十世纪的野外勘测记录。"美国匹兹堡大学教授谢觉民说："读徐霞客的游记，最好是旅行时随身携带。"

《山海经》

·历史地位·

"上古三大奇书"之一,我国最古老的地理学著作,最古的博物书,最古的神话小说故事。

·作者简介·

相传由禹和伯益所作。禹(生卒年不详),姒(sì)姓,夏后氏,名文命,上古时期夏后氏首领、夏朝开国君王,历史治水名人,史称大禹、帝禹、神禹。黄帝的玄孙,颛顼的后代,鲧的儿子,母为有莘氏之女修己。相传,禹治理洪水有功,接受帝舜禅让,继承部落首领。在诸侯的拥戴下,正式即位,以阳城为都城,国号为夏。作为夏朝的第一位君王,后人称为夏禹,成为上古传说时代与伏羲、黄帝比肩的贤圣帝王。最卓著的功绩,就是历来被传颂的治理滔天洪水,又划定九州、奠定夏朝,后人尊称为大禹。伯益(前?~约前1973),嬴姓,一说"姬姓"。山东费县人。大业之子。因协助禹治水有功,故受舜赐姓嬴,并将姚姓之女许配他为妻。帝舜禅位于禹后,伯益被任命为执政官,总理朝政。伯益后来成为夏王启的卿士,地位只在夏王启一人以下。伯益与夏王启皆是黄帝的后裔。

· 内容简介 ·

《山海经》由《山经》与《海经》两部分组成,原共22篇约32 650字,全书现存18篇,其中五藏山经5篇、海外经4篇、海内经5篇、大荒经4篇。成书于战国时期至汉代初期,与《周易》《黄帝内经》并称为"上古三大奇书"。《山海经》包含上古地理、历史、神话、天文、动物、植物、医学、宗教以及人类学、民族学、海洋学和科技史等方面的诸多内容,是一部上古社会生活的百科全书。《山海经》展示的是远古的文化,记录的是大荒时期的生活状况与人们的思想活动,勾勒出上古时期的文明与文化状态,为后世提供许多有用的信息。其艺术特色主要有:是原始初民以特殊的话语形式、结构形式记录的大洪荒时代相对朴野的生活状态和智慧真实,以难懂的语音、词语表达原始初民想表达的东西,以繁复而神异的想象创造属于他们独有的精神世界。

· 核心思想 ·

保留着许多神话传说,富有神话色彩,保存着东亚由原始蒙昧向早期文明,游牧到早耕的演变,记录着先民对远古神话的探索与未知,文化沉积深厚,是世界文化宝库的瑰宝。其核心内容是记述上古时期各个民族之间的关系以及诸多文明的发展。

·价值影响·

随着世界各国学者的研究，《山海经》也随之进入了一个新的阶段，主要表现为：《山海经》的研究冲破了原有的地理范围，从中国圈、亚洲圈扩大到世界圈；改变了视《山海经》为神话、传说、巫书的旧说，而认定《山海经》有一大部分是信史，是一本上古世界文化大观，与国外及其他学科研究开始接轨，进一步揭开世界文化之谜。

《大唐西域记》

·历史地位·

一部赴印度求佛的游历见闻录。

·作者简介·

玄奘（602～664），唐代高僧，本姓陈，名祎，洛州缑（gōu）氏（今河南省洛阳市偃师区缑氏镇）人，我国汉传佛教四大佛经翻译家之一，中国汉传佛教唯识宗创始人。玄奘13岁出家，21岁受具足戒。曾游历各地，参访名师,学习经论。因为感到各师所说不一,各种经典也不尽相同,于是决定西行求法,以解迷惑。史书记载,玄奘西行求法,往返17年,旅程5万里,所历"百有三十八国",带回大小乘佛教经律论共520夹,657部。归国后受唐太宗召见,住长安弘福寺,后又住大慈恩寺。

· 内容简介 ·

《大唐西域记》又称《西域记》,明代吴承恩根据此书写出了《西游记》,而玄奘法师正是"唐僧"的原型。《大唐西域记》是由唐代玄奘口述、辩机编撰的地理史籍,记载的是玄奘从长安(今西安市)出发西行亲身游历西域的所见所闻,其中包括有200多个国家和城邦,还有许多不同的民族。书中对西域各国、各民族生活方式、建筑、婚姻、丧葬、宗教信仰、沐浴与治疗疾病和音乐舞蹈方面的记载,从不同层面、不同角度、不同深度反映了西域的风土民俗。

· 核心思想 ·

记录唐朝时西域各国所见所闻,了解周边国家情况,传播和交流文化,宣扬和护持佛法。

· 价值影响 ·

《大唐西域记》是研究印度、尼泊尔、巴基斯坦、孟加拉、斯里兰卡等地古代历史地理的重要文献，为各国学者所重视。《大唐西域记》内容的独特性和本身所具有的文学价值，使得它对后世的文学作品产生了较为深远的影响，主要表现在志人志怪的题材方面。

《东京梦华录》

·历史地位·

文字版的《清明上河图》，笔记体散记文。

·作者简介·

孟元老（生卒年不详），号幽兰居士，北宋东京开封府（今河南省开封市）人，宋代文学家。金灭北宋，孟元老南渡，常忆东京之繁华，于南宋绍兴十七年（1147）撰成《东京梦华录》。

·内容简介·

《东京梦华录》追述北宋都城东京开封府城市风俗人情，所记大多是宋徽宗崇宁到宣和年间北宋都城东京开封的情况，描绘了这一历史时期居住在东京的上至王公贵族、下及庶民百姓的日常生活情景，是研究北宋都市社会生活、经济文化的一部重要的历史文献古籍。具体说来，第1卷介绍东京城的三重城垣与城门、4条河道与36座桥梁、皇宫中的主要宫殿等；第2～3卷介绍东京城中的主要街道以及政府机构、宫观庙宇等；第4卷介绍东京的各类禁军、厢军，皇家婚礼与日常出行所用的车辆与仪仗等；第5卷介绍东京城中民众的生活、生产与风尚习俗；第6～10卷介绍东京城中的岁时节令、朝廷庆典与民间习俗。

·核心思想·

回忆往昔繁华，抒发黍离之悲，表达作者对昔日东京繁华的无限眷恋，对现今山河残破的强烈愤慨。

·价值影响·

《东京梦华录》所反映的内容具有很高的社会经济文化史的价值，为后人留下了探索那个时代汴京城里各个阶层居民生活面貌的大量宝贵资料。人们往往把本书与《清明上河图》视同姐妹之作，二者对于考察研究北宋城市经济发展史的工作都具有重要的意义。《东京梦华录》开创了以笔记描述汉族城市风土人情、掌故名物的新体裁，为以后反映南宋都城临安的同类著作所沿用。此外，书中所记录的民俗是传统文化的基因，是极具价值的文化资源。书中还记载了大量的"奢侈消费"行为，与其说是历史的记录，不如说是欲为后世敲响警钟。

三 子部

文化传承探宝
趣味测试
领略经典文化魅力

国学精读宝典
深入解读
带你掌握国学精髓

经典文化题库
答题闯关
助你夯实文化基础

口袋电子书架
便捷体验
随时随地在线阅读

云上 中华经典藏书阁

品读典籍智慧，弘扬优秀文化

1 | 儒家

《荀子》

· 历史地位 ·

先秦儒家学说集大成之著作。

· 作者简介 ·

《荀子》是战国时期荀子和弟子们整理或记录他人言行的哲学著作,荀子(约前313~前238),名况,字卿,战国末期赵国人,思想家、哲学家、教育家,儒家学派的代表人物,先秦时代百家争鸣的集大成者。荀子曾三次担任齐国稷下学宫的祭酒,两度出任楚兰陵令。晚年蛰居兰陵县著书立说,收徒授业,终老于斯,被称为"后圣",其思想集中反映在《荀子》一书中。荀子是第一个使用赋的名称和用问答体写赋的人,同屈原一起被称为"辞赋之祖"。

· 内容简介 ·

《荀子》全书共32篇，内容十分丰富，展示了荀子在哲学、逻辑学、伦理、政治、经济、军事、教育、科学、文学、艺术等各方面的研究成果。荀子的文章论题鲜明，结构严谨，组织严密，说理透彻，分析透辟，善于取譬，有很强的逻辑性；语言丰富多彩，善于比喻，排比偶句很多，有他特有的风格，对后世说理文章有一定影响。荀子是一位儒学大师，在吸收法家学说的同时发展了儒家思想，在人性问题上，提倡性恶论，主张人性有恶，否认天赋的道德观念，强调后天环境和教育对人的影响。其学说常被后人拿来跟孟子的"性善论"比较。荀子对重新整理儒家典籍有较大贡献。

· 核心思想 ·

荀子批判地接受并创造性地发展了儒家正统的思想和理论，提出了"天行有常""人定胜天""制天命而用之""性恶论""隆礼敬士""尚贤使能""重法爱民""节用裕民""开源节流"等思想主张。

· 价值影响 ·

荀子总结百家争鸣的理论成果和自己的学术思想，

创立了先秦时期完备的朴素唯物主义哲学体系,其思想在以后两千多年封建社会的发展中潜移默化地发生着影响;整理传承了"六经"等儒家典籍,为传播保存儒家思想文化做出巨大贡献。此外,荀学具有学术批判精神,具备兼容并包的意识,体现了战国百家争鸣走向学术交融的历史趋势;荀子对儒学经典的传授居功甚伟,汉代"礼学""诗经学""春秋学"都与荀学有关;荀子密切关注现实世界的变化,充满事功精神,努力争取扩大儒家的政治空间。

《传习录》

·历史地位·

明代著名哲学家王阳明的论学语录与书信集,一部儒家哲学著作。

·作者简介·

王守仁(1472~1529),本名王云,字伯安,号阳明,又号乐山居士,浙江余姚人,汉族。明朝杰出的思想家、文学家、军事家、教育家,明代哲学家、宋明理学中心学一派的代表人。南京吏部尚书王华的儿子。弘治十二年

(1499),中进士,起家刑部主事,接连平定南赣、两广盗乱及朱宸濠之乱,获封新建伯,成为明代凭借军功封爵的三位文臣之一,谥号"文成"。万历十二年(1584)从祀于孔庙。明代心学发展的基本历程,可以归结为:陈献章开启,湛若水完善,王守仁集大成。王守仁的阳明心学后传入了日本、朝鲜等国。其弟子极众,世称"姚江学派"。"传习"一词源出自《论语》中的"传不习乎"一语。

·内容简介·

《传习录》上卷阐述了知行合一、心即理、心外无理、心外无物、意之所在即是物、格物是诚意的功夫等观点,强调圣人之学为身心之学,要领在于体悟实行;中卷回答了对于知行合一、格物说的问难之外,谈了王学的根本内容、意义与创立王学的良苦用心;下卷的主要内容是致良知,阳明结合自己纯熟的修养功夫,提出本体功夫合一、满街都是圣人等观点。王阳明的"心即理""致良知""知行合一"都是要强调道德的自觉性和主宰性。《传习录》汇聚了中华文化最深的智慧,不但全面阐述了王阳明的思想,也体现了他辩证的授课方法,以及生动活泼、善于用譬、常带机锋的语言艺术。从古至今,无数人为之折服。

· 核心思想 ·

王阳明继承了程颢和陆九渊的心学传统,并在陆九渊的基础上进一步批判了朱熹的理学,从而形成了自己独特的阳明心学,主要提出了"心即理""知行合一"和"致良知"等观点。

· 价值影响 ·

《传习录》是一部较为纯粹、简明的儒家哲学著作,集中反映了王阳明的心性之学,在中国古代哲学史上有着重要的地位。直到当代,王阳明的思想在当代新儒家中仍有极其深刻的影响。21世纪的许多思想家和学者一直致力于对它作现代解释并力图克服其偏失。余秋雨说:"我有幸读到过他在短兵相接的前线写给父亲的一封信,这封信,把连续的恶战写得轻松自如,把复杂的军事谋略和政治智谋说得如同游戏,把自己在瘴疠地区终于得病的大事更是毫不在意一笔带过,满纸都是大将风度。"国学宗师钱穆说,王阳明的《传习录》是"中国人、所有人必读的书"之一。

《近思录》

·历史地位·

全面阐述理学思想的著作,理学入门书。

·作者简介·

朱熹(xī)(1130~1200),字元晦,号晦庵(huì'-ān),晚称晦翁。祖籍徽州府婺(wù)源县(今属江西)。中国南宋时期理学家、思想家、哲学家、教育家、诗人。朱熹19岁考中进士,曾任江西南康、福建漳州知府,浙东巡抚等职,做官清正有为。晚年遭遇弹劾,被攻讦为"伪学魁首",削官奉祠。朱熹是"二程"(程颢、程颐)的三传弟子李侗的学生,与二程合称"程朱学派"。他是唯一非孔子亲传弟子而享祀孔庙,位列大成殿十二哲者。朱熹是理学集大成者,闽学代表人物,被后世尊称为朱子。他的理学思想影响很大,成为元、明、清三朝的官方哲学。吕祖谦,字伯恭,婺州(今浙江省金华市)人,祖籍淮南寿州(今安徽省凤台县)。郡望东莱郡,人称"小东莱先生"。南宋理学家、文学家,许国公吕夷简六世孙、仓部员外郎吕大器之子。门荫入仕,起家将仕郎。隆兴元年(1163),进士及第。景定二年(1261),配飨孔庙。吕祖谦博学多识,主张明理躬行,学以致用,反对空谈心性，开"浙东学派"之先声。他所创立的"婺学"（又称"金华学派"），是当时最具影响的学派，在理学发展史上占有重要地位。吕祖谦与朱熹、张栻（shì）齐名，并称"东南三贤"。

·内容简介·

《近思录》是朱熹和吕祖谦对北宋理学家（周敦颐、程颢、程颐、张载4人）言论的分类汇编，按宋明理学的修身、齐家、治国、平天下的修养程序为标准，分别编排成道体、为学、致知、存养、克治、家道、出处、治体、治法、政事、教学、敬戒、辨异端、观圣贤14门，共622条。宋淳熙二年（1175）夏，吕祖谦访问朱熹，两人一起读周敦颐、二程、张载之书半个月，感叹其博大精深，"若无津涯"，初学者不知选择，无从入门。因此，两人就共同纂集、汇编了《近思录》。此书从宇宙生成的世界本体到孔颜乐处的圣人气象，循着格物穷理，存养而意诚，正心而迁善，修身而复礼，齐家而正伦理，以至治国平天下及古圣王的礼法制度，然后批异端而明圣贤道统。全面阐述了理学思想的主要内容，故此书实可谓囊括了北宋五子及朱吕一派学术的主体。

·核心思想·

汇编理学主要思想,作为初学者入门的依据,使之成为"五经"之阶梯,"入圣之基";更深的意图是要辟邪显正,救治陷溺的时代人心,引导学者走向"存天理,灭人欲"的成圣道路。

·价值影响·

《近思录》是中国古代儒家思想文化发展成熟的理论形态,代表着古代思想文化的发展水平,在理学发展史上具有重要地位,为确立儒家道统、传播理学思想起过重要作用;周敦颐、程颢、程颐、张载四子的读经方法,对于我们今天读经依然具有启发借鉴价值;科学的治学次序、方法,治学当为与不当为之事,对当今的教育者、读经者均有指导意义。江永说:"凡义理根源,圣学体用,皆在此编","盖自孔曾思孟而后,仅见此书"。钱穆说:"后人治宋代理学,无不首读《近思录》。"

2 | 道家

《道德经》

·历史地位·

"三玄"之一,"万经之王",中国古代先秦诸子分家前的一部经典哲学著作,道家哲学思想的重要来源。

·作者简介·

老子(生卒年不详),姓李名耳,字聃,一字伯阳,春秋末期人,《史记》等记载老子出生于楚国或陈国,中国古代思想家、哲学家、文学家和史学家,道家学派创始人和主要代表人物,与庄子并称"老庄",后被道教尊为始祖,称"太上老君",曾被列为世界文化名人,世界百位历史名人之一。老子曾担任周朝守藏室之史,以博学而闻名,孔子曾入周向他问礼。春秋末年,天下大乱,老子欲弃官归隐,遂骑青牛西行,到灵宝函谷关时,受关令尹喜之请著《道德经》。

·内容简介·

《道德经》又称《道德真经》《老子》《五千言》《老子五千文》,分上下两篇,上篇《德经》,下篇《道经》,不分章,后改为《道经》37章在前,第38章之后为《德经》,共81章。《道德经》以哲学意义之"道德"为纲宗,论述修身、治国、用兵、养生之道,而多以政治为旨归,乃所谓"内圣外王"之学,文意深奥,包罗万象,被誉为万经之王。《道德经》主要论述"道"与"德":"道"不仅是宇宙之道、自然之道,也是个体修行(道)的方法;"德"不是通常以为的道德或德行,而是修道者所应必备的特殊的世界观、方法论以及为人处世的方法。老子思想对中国哲学发展具有深刻影响,其思想核心是朴素的辩证法。在政治上,主张无为而治、不言之教。在权术上,讲究物极必反之理。在修身方面,讲究虚心实腹、不与人争的修持。《道德经》不仅思想丰富,还有较高的文学特色:具有音韵之美,句式整齐,大致押韵;讲究修辞,运用了多种修辞方式,富有说理性和感染力;语言精辟,形成诸多成语、格言、座右铭。

·核心思想·

"道"作为抽象的概念范畴,是天地万物生成的动力源：哲学上，"道"是天地万物之始之母，阴阳对立与统一是万物的本质体现，物极必反是万物演化的规律；伦理上，主张纯朴、无私、清静、谦让、贵柔、守弱、淡泊等因循自然的德行；政治上，主张对内无为而治，对外和平共处，反对战争与暴力。三个层面有机统一，构成了《道德经》的核心要义，由自然之道进入伦理之德，最终达到治理之道。

·价值影响·

《道德经》内容涵盖哲学、伦理学、政治学、军事学等诸多学科，被后人尊奉为治国、齐家、修身、为学的宝典。它对中国的哲学、科学、政治、宗教等产生了深远的影响，体现了古代中国人的一种世界观和人生观。先秦诸子、中国人的文化思想等没有不受老子影响的，被华夏先辈誉为"万经之王"。据元朝时的不完全统计，先秦以来，研老注老著作至元朝时就超过3000种，具有代表性的不少于1000种；另据联合国教科文组织统计，该书是除《圣经》外被译成外国文字发布量最多的文化名著。宋太宗说："伯阳五千言，读之甚有益，治身治国，并在其内。"鲁迅说："不读《老子》一书，就不知中国文化，不知人生真谛。"林语堂说："老子的隽语，像粉碎的宝石，不需装饰便可自闪光耀。"张岱年说："中国古典哲学的最高范畴是'道',而'道'的观念是《老子》首先提出的。"郭沫若说:"《道德经》是一部政治哲学著作,又是一部兵书。"尼采说:"老子思想的集大成——《道德经》,像一个永不枯竭的井泉,满载宝藏,放下汲桶,唾手可得。"德国总理施罗德说:"每个德国家庭买一本中国的《道德经》,以帮助解决人们思想上的困惑。"美哈佛大学教授约翰·高认说:"《道德经》是一本有价值的关于人类行为的教科书。"美国科学家威尔杜兰说:"《道德经》是最迷人的一部奇书。"美国学者蒲克明说:"《道德经》将是一本家传户诵的书。"

《列子》

· 历史地位 ·

中国古代先秦思想史上的重要著作,一部道家、道教的经典著作。

· 作者简介 ·

相传《列子》为战国列御寇(kòu)(约前450～前375)所著。列子,名御寇,亦作圄(yǔ)寇,郑国圃田(今河南郑州市)人,先秦天下十豪之一,道学家、思想家、哲学家、文学家、教育家，是介于老、庄之间道家学派承前启后的重要人物，是老、庄之外的又一位道家学派代表人物，对中国后世哲学、美学、文学、科技、养生、乐曲、宗教影响非常深远。

· 内容简介 ·

《列子》又名《冲虚经》《冲虚真经》，按章节分为《天瑞》《黄帝》《周穆王》《仲尼》《汤问》《力命》《杨朱》《说符》等8篇，共有哲理散文、寓言故事、神话故事、历史故事等134章。唐天宝元年（742），唐玄宗下旨设"玄学博士"，诏告《列子》为《冲虚真经》，北宋加封为"至德"，号曰《冲虚至德真经》。《列子》追求一种冲虚自然的境界，以寓言形式来表达精微的哲理，思想主旨近于老庄，其主旨为万物产生于无形，并变化不居，任何事物都不一定是完美的，包括天地及圣人，人要掌握并利用自然界的规律。《列子》体现了道家对精神自由的心驰神往，而它宏阔的视野、精当的议论和优美的文笔，又使人领略到子学著述隽秀、凝练而警拔的散文之美，其每篇文字不论长短，都自成系统，各有主题，反映睿智和哲理，浅显易懂，饶有趣味。

· **核心思想** ·

列子是介于老子与庄子之间的道家学派重要传承人物。先秦道家创始于老子，发展于列子，而大成于庄子。其思想主张主要包括宇宙生成论、批判思维、"贵虚"、以道为本、齐物为一、体道合真、无心之境、"力命"、生态思想等。

· **价值影响** ·

《列子》在中国文学史和思想史上做出了重要贡献，其中的"天体运动说""地动说""宇宙无限说"等学说，都远远早于西方的同类学说，开创融寓言、哲理为一体的先秦散文文风，是道家义理不可或缺的一部分。列子等道家思想是除了儒学外唯一被定为官学、道举的学说，经魏晋南北朝的演变，取代黄老学派并成为道家思想的主流。封建帝王对于列子尤为重视，唐玄宗天宝元年（742）封列子为"冲虚真人"。《列子》常言人之所未言，"气伟而采奇"（《文心雕龙》语），是中国古代先秦思想文化史上著名的典籍，属于诸子学派著作，是一部智慧之书。刘勰说："列御寇之书，气伟而采奇。"陈景元说："辞旨纵横，若木叶干壳，乘风东西，飘飘乎天地之间，无所不至。"洪迈说："《列子》书事简劲宏妙，多出《庄子》之右。"

《庄子》

·历史地位·

"三玄"之一,先秦最有文采的哲学著作。

·作者简介·

庄子(约前369~约前286),名周,战国时期宋国蒙(今河南省商丘市东北)人,战国中期思想家、哲学家、文学家,道家学派代表人物,与老子并称"老庄"。庄子因崇尚自由而不应楚威王之聘,仅担任过宋国地方的漆园吏,史称"漆园傲吏",被誉为地方官吏之楷模。他最早提出"内圣外王"思想,对儒家影响深远。他洞悉易理,指出"《易》以道阴阳"。其代表作有《逍遥游》《齐物论》《养生主》等。据传庄子尝隐居南华山,卒葬于彼,故唐玄宗天宝初被诏封为南华真人。

·内容简介·

《庄子》原有52篇,其中内篇7、外篇28、杂篇14、解说3篇,10万多字。郭象删减后分内篇、外篇、杂篇3部分(内篇7、外篇15、杂篇11),存33篇,大小寓言200多个65 920字。《庄子》反映了庄子的批判哲学、艺术、美学、审美观、政治、社会等诸多方面，对宇宙生成论、人与自然的关系、生命价值、批判哲学等都有详尽的论述，并进一步提出了"得意忘言"的观点。到了汉代以后，庄子被尊为南华真人。庄子文章具有浪漫主义的艺术风格，思想世界、文学意境摇曳多姿，想象奇幻，构思巧妙，文笔汪洋恣肆，瑰丽诡谲，意出尘外，是先秦诸子文章的典范之作。庄子之语看似夸言万里，想象漫无边际，然皆有根基，重于史料议理。

· **核心思想** ·

哲学上，主张齐物我、齐是非、齐生死、齐贵贱，安时处顺，逍遥自得；思辨方法上，把相对主义绝对化，转向神秘的诡辩主义；处世上，认为人活在世上须旷达处之泰然；政治上，反对推崇圣贤，反对"人为"，追求"至德之世"；文学上，主张"天人合一"和"清静无为"，保持独立人格，追求精神自由，具有浓厚的浪漫主义色彩。

· **价值影响** ·

庄子不但是我国哲学史上一位著名的哲学家，也是文学史上一位不朽的散文家，在我国思想史、文学史、美学史、艺术史、审美史上都占有极其重要的地位。庄子的散文批判哲学思想博大精深，是我国古代典籍中的瑰宝，更是文学、审美学上的寓言杰作典范，被称为"文学的哲学，哲学的文学"。《庄子》的出版和研究使得中国文化的优秀传统得以继承和发展，中华民族的精神得以发扬。《庄子》是道家思想的精髓，被后世称作"钳揵（jiàn）九流，括囊百氏"。荀子说："庄子蔽于天而不知人。"扬雄说："庄、杨荡而不法。"刘熙载说："意出尘外，怪生笔端。"鲁迅说："其文则汪洋辟阖，仪态万方，晚周诸子之作，莫能先也。"

《淮南子》

· 历史地位 ·

汉初新道家的代表作。

· 作者简介 ·

刘安（前179～前122），沛郡丰（今江苏省丰县）人。西汉时期文学家、思想家，汉高祖刘邦之孙，淮南厉王刘长之子。刘安初封阜陵侯，文帝十六年（前164）封淮南王。好书鼓琴，招宾客方术之士数千人，作《内书》，著《离骚传》。在哲学上，刘安以道家的自然天道观为中心,综合先秦道、法、阴阳等各家思想,认为天地万物是"道"产生的。政治上则主张"无为而治",但对"无为"作了新的解释,并提倡变古。

· 内容简介 ·

《淮南子》又名《淮南鸿烈》《刘安子》,内21篇论道,中8篇养生,外33篇杂说,存世的只有内篇。《淮南子》阐明哲理时旁涉奇物异类、鬼神灵怪,保存了一部分神话材料,像"女娲补天""后羿射日""共工怒触不周山""嫦娥奔月"等古代神话。《淮南子》的思想内容以道家思想为主,同时夹杂先秦各家学说,故《汉书·艺文志》将之列为纵横家类。实际上,该书是以道家思想为指导,吸收诸子百家学说融会贯通而成,是战国至汉初黄老之学理论体系的代表作,对后世研究秦汉时期文化起到了不可替代的作用。《汉书·艺文志》《四库全书总目》均将其归入"杂家",属于子部。

· 核心思想 ·

继承老庄和《吕氏春秋》的先道德而后仁义的治国方针,在变中以适应汉代变化了的国情,使政策制定对现实有指导意义;强调时时处处要敬畏和尊重自然规律,遵循"道"的要求,按照"天道"行事;个体生命也应"循道""持静",从而达到内心充实、精神满足。

· 价值影响 ·

《淮南子》吸取了老庄智慧,特别是《黄老帛书》的思想资料,扭转了先秦老庄思想的虚无性,丰富和发展了老庄的无为内涵,赋予其以有为的积极意义,并成为集黄老学说之大成的理论著作。它不仅对"道""天人""形神"等问题提出了独特见解,同时又在继承春秋时的"气"说与战国中期稷下黄老之学的"精气"说的基础上,提出了"元气论"的概念和系统的宇宙生成论,蕴含着丰富的史学研究价值和精神智慧。《淮南子》融合诸家思想,与政治联系紧密,为文以载道树立典范,成为散文范式。梁启超说:"《淮南鸿烈》为西汉道家言之渊府,其书博大而和有条贯,汉人著述中第一流也。"胡适说:"道家集古代思想的大成,而淮南书又集道家的大成。"梁启超称誉《淮南子》为"汉人著述中第一流"的巨著。

3 ｜ 法家

《管子》

·历史地位·

管仲的治国方术，法家思想代表作。

·作者简介·

管仲（Guǎn Zhòng）(？～前645)，姬姓，管氏，名夷吾，字仲，谥敬，颍上（颍水之滨）人。中国古代著名经济学家、哲学家、政治家、军事家。春秋时期法家代表人物。齐釐公三十三年（前698年），开始辅佐公子纠。齐桓公元年（前685年），得到鲍叔牙（Bào Shūyá）推荐，担任国相，辅佐齐桓公成为春秋五霸之首。对内大兴改革，富国强兵；对外尊王攘夷，九合诸侯，一匡天下。被尊称为"仲父"。后人尊称为"管子"，誉为"法家先驱""圣人之师""华夏文明保护者""华夏第一相"。

·内容简介·

《管子》汉初有86篇,今本实存76篇,其余10篇仅存目录,是先秦时期各学派的言论汇编,内容博大精深。按传统诸子分类,它兼有儒、道、阴阳、法、名、墨、兵、农诸家;按现代科学分类,它包括了政治、经济、哲学、法学、军事、农学、地理、历法、教育等各种思想,被后世视为先秦时期的一大思想宝库。《汉书·艺文志》将其列入子部道家类,《隋书·经籍志》《四库全书》将其列入法家类。《管子》以黄老道家为主既提出以法治国的具体方案,又重视道德教育的基础作用;既强调以君主为核心的政治体制,又主张以人为本,促进农工商业的均衡发展;既有雄奇的霸道之策,又坚持正义的王道理想;既避免了法家忽视道德人心的倾向,又补充了儒家缺乏实际政治经验的不足,在思想史上具有不可抹杀的重要地位。

·核心思想·

执政治国要顺人心、遂人愿;经济是道德的基础;自主即繁荣;以法治国;敬天行道。

·价值影响·

《管子》是中国先秦时期政治家治国、平天下的大经大法，集中地反映了黄老道家道法结合、兼容并包的学术特点，是继《黄帝四经》之后黄老道家思想的又一大发展。它促使黄老学派的思想进一步走向成熟。《管子》的精气论在中国唯物主义宇宙观发展史上有重要意义，对中国唯物主义的发展产生过深远影响。据中国日本学者统计，《管子》全书几乎各篇都有《老子》的语言片段与哲学思想。宋代叶適说："《管子》非一人之笔，亦非一时之书。"章学诚说："《管子》，道家之言也。"孙中山说，《管子》一书是中国经济学之"滥觞"，管仲提出强国富民的思想，帮助齐桓公成为春秋五霸之首。

《慎子》

·历史地位·

法家思想的代表作。

·作者简介·

慎到（约前395～前315），尊称慎子。古慎国人，列国时祖上由山东迁居赵国。《史记》说他在齐宣王时曾长期在稷下（Jìxià）讲学，是稷下学宫中最具有影响的学者之一。

· 内容简介 ·

现存《慎子》只有7篇,即《威德》《因循》《民杂》《德立》《君人》《知忠》《君臣》。其佚失情况相当严重。据文献记载,《慎子》包括序、内篇、外篇、慎子逸文、附录、孙毓修跋、慎子集说、事实及卷帙、学术之真谛及其批评。慎子主张因循自然,清静而治。在先秦的法家代表人物中,慎到、申不害和商鞅分别重视"势""术""法",但都是在提倡法治的基础上提出的不同观点。慎到强调"势"的作用,认为君主要实行法治,就必须重视权势:主张"民一于君,事断于法",百姓、百官听从于君主的政令,而君主必须完全依法行事;提倡重"势"和"无为而治",重"势"是为了重视法律,认为君主只有掌握了权势,才能保证法律的执行。

· 核心思想 ·

民一于君,事断于法;重"势"和"无为而治";清静而治;抱法处势。

· 价值影响 ·

慎到把国家职能规范化,用规范的形式体现和保证统治阶级利益,无疑是杰出的思想;慎到的法治思想有重要的理论价值,势、法、术互相制约,互相补充,而尚法处于中心地位。慎到的学说确实存在着重法轻贤的缺陷,也存在重法与顺自然的矛盾,但它避免了老庄道学纯粹任自然而不要法治和法家主张绝对的法治而不必因循自然的两种极端,对其后法家具有启蒙的意义和开创价值。清代的《四库全书总目提要》评论说:"然法所不行,势必刑以齐之,道德之为刑名,此其转关,所以申、韩多称之也。"

《韩非子》

· 历史地位 ·

战国时期思想家、法家韩非的著作总集。

· 作者简介 ·

《韩非子》是在韩非子逝世后,后人辑集而成的。韩非(约前280~前233),后人称韩非子或韩子,战国时期韩国新郑(今属河南省)人,与李斯同学于荀子,喜好刑名法术之学，中国古代思想家、哲学家和散文家，法家学派代表人物。韩非集商鞅的"法"、申不害的"术"和慎到的"势"于一身，将辩证法、朴素唯物主义与法融为一体，为后世留下了大量言论及著作。

· 内容简介 ·

《韩非子》共20卷，全书由55篇独立的论文集辑而成，里面的典故大都出自韩非。《韩非子》重点宣扬了法、术、势相结合的法治理论，达到了先秦法家理论的最高峰，为秦统一六国提供了理论武器，同时，也为以后的封建社会时期君主专制制度提供了理论根据。其法治思想是以进化的历史观作为推行法治的理论基础，以建立一个统一的君主集权的封建国家作为奋斗理想和目标，以"以法治国"作为他思想学说的核心，以唯物主义的认识论作为他观察事物和斗争的武器。它们有机联系，浑然一体，构成了韩非比较完整的思想体系。《韩非子》在先秦诸子中具有独特的风格，韩非子的文章说理精密，文笔犀利，议论透辟，文章中出现了很多寓言故事，因其内涵丰富、故事生动，成为脍炙人口的成语典故，流传至今。

· 核心思想 ·

韩非提出了历史进步论、君主专制中央集权、改革和法治、朴素辩证法等思想，核心是以法治国，政治理想是建立一个统一的君主集权的封建国家，以统一代替分裂，以集权代替割据。

·价值影响·

韩非是战国末期带有唯物主义色彩的哲学家，是法家思想之集大成者。韩非"法""术""势"相结合的理论，达到了先秦法家理论的最高峰，为秦统一六国提供了理论武器，为以后封建中央集权制度的确立提供了有效的理论依据，为中国封建统一事业起到了积极的推动作用。此外，以韩非为代表的法家在中国古代法理学方面做出了贡献。司马迁指出，韩非"喜刑名法术之学，而其归本于黄老""皆原于道德之意"。《太史公自序》云："韩非揣事情，循势理。"秦始皇见《孤愤》《五蠹》之书，曰："嗟乎，寡人得见此人与之游，死不恨矣！"

4 | 墨家

《墨子》

· 历史地位 ·

战国时期墨家学派的代表著作。

· 作者简介 ·

《墨子》由墨子自著和弟子记述墨子言论两部分组成。墨子（约前468～前376），名翟，春秋末期战国初期宋国人，宋国贵族目夷的后裔（yì），曾担任宋国大夫，中国古代思想家、教育家、科学家、军事家，墨家学派创始人和主要代表人物。墨子原为儒门弟子，曾从师于儒者，因不满儒家学说而另立学派。墨子积极宣传自己的学说，广收门徒，形成了声势浩大的墨家学派。墨家在先秦时期影响很大，与儒家并称"显学"。战国时期的百家争鸣，有"非儒即墨"之称。墨子死后，墨家分为相里氏之墨、相夫氏之墨、邓陵氏之墨三个学派。

· 内容简介 ·

据《汉书》记载,《墨子》原书应有71篇,而当前通行本《墨子》只有53篇。《墨子》提倡兼爱、非攻、尚贤、尚同、天志、明鬼、非命、非乐、节葬、节用,涉及哲学、逻辑学、军事学、工程学、力学、几何学、光学,先秦的科学技术成就大都依赖《墨子》以传。《墨子》由小及大,连类比譬,逐层推理,典型如《非攻》;语言质朴无华,造句遣词口语化。

· 核心思想 ·

政治上,提出了"兼爱""非攻""尚贤""尚同""节用""节葬""非乐"等主张;军事上,提出"非攻""救守"的自卫学说;哲学上,以认识论和逻辑学最为突出;科学上,提出宇宙论的思想等。

· 价值影响 ·

墨子是一个全才,对中国古代政治、军事和哲学等方面都产生了深远影响:以"兼以易别"为核心的社会理想,代表了广大下层劳动者民众的呼声,历史上产生深远影响;主张以"天志"来制约君主的无限权力,对两汉时代的哲学家思想产生了深刻的影响;主张"节葬",为后世所继承,便于形成节俭之风;重视经验，开启了中国古代哲学的唯物论经验主义传统，对汉王充等的哲学思想产生了很大影响；中国第一颗量子科学实验卫星即命名为"墨子号"，于2016年8月16日发射成功。此外，墨子在教育上创办了人类历史上第一个综合性平民学校；机械制造上，对后世的军事活动有着很大的影响。墨子自评"此仁也，义也"，谓之"天德"，谓之"天志"，谓之"圣王之道"。《荀子·成相》记载："礼乐灭息，圣人隐伏，墨术行。"班固说："孔席不暖，墨突不黔。"毛泽东说，墨子是"古代辩证唯物主义大家"，"是比孔子更高明的圣人"。杨向奎说："墨子在自然学上的成就，决不低于古希腊的科学家和哲学家，甚至高于他们。他个人的成就，就等于整个希腊。"鲍鹏山说，墨子是"挑战帝国的剑侠"。

5 | 纵横家

《鬼谷子》

· 历史地位 ·

一部谋略学巨著。

· 作者简介 ·

王诩（生卒年不详），王氏，名诩，别名禅，又称王诩、王蝉、王利，道号鬼谷子。春秋战国时期楚国人，祖籍朝歌（今河南省淇县）城南。战国时期传奇人物，著名谋略家、纵横家的鼻祖，兵法集大成者，诸子百家之纵横家创始人。相传其额前四颗肉痣，成鬼宿之象。精通百家学问，因隐居在云梦山鬼谷，故自称鬼谷先生。常入山静修，他被上天赐予通天彻地的智慧，深谙自然之规律，天道之奥妙。鬼谷子被后世尊为"谋圣"，还是与孔子、老子并列的学术大家。

· **内容简介** ·

《鬼谷子》共 21 篇，它所揭示的智谋权术的各类表现形式，被广泛运用于内政、外交、战争、经贸及公关等领域，其思想博大精深，享誉海内外。但是，因为所崇尚的是谋略、权术及言谈、辩论之技巧，其思想与儒家所推崇的仁义大相径庭，历来被视为洪水猛兽，更有禁而毁之者，私下却时而习之。其哲学是实用主义的道德论，讲求名利与进取，是一种讲求行动的实践哲学，其方法论是顺应时势，知权善变，具有极完整的领导统御、智谋策略学体系。在现今这个政治纷争风云变幻、商战竞争日益激烈的时代，鬼谷子的思想、智慧和奇谋韬略，在很多方面具有广泛的指导意义。

· **核心思想** ·

潜谋于无形，常胜于不争不费。崇尚的是权谋策略及言谈辩论之技巧。

· **价值影响** ·

作为先秦历史文化的组成部分，鬼谷子的学术思想日益受到社会关注和推崇。鬼谷子传说入选第四批国家级非物质文化遗产代表性项目名录，《鬼谷子》历来被人们称为"智慧禁果，旷世奇书"。《鬼谷子》间接地参与了先秦政治舞台，是乱世之治学、治世之哲学，又是谋略学巨著、成功学宝典，融合了鬼谷子卓绝智慧和纵横韬略，是了解春秋战国文化史、研究先秦诸子文学的一把钥匙。《鬼谷子》一直为中国古代军事家、政治家和外交家所研究，现又成为当代商家的必备之书。许多世界精英名流都曾深入研读《鬼谷子》，并给予崇高赞誉。在国内，很多领域对鬼谷子的研究方兴未艾，其学术思想被广泛运用于很多领域。中国古代文献书籍对《鬼谷子》一书褒贬不一，因此在学习时一定要批判地继承，取其精华，弃其糟粕。

6 | 兵家

《孙子兵法》

·历史地位·

我国现存最早的兵书,世界上最早的军事著述,兵学圣典。

·作者简介·

孙武(约前545~约前470),字长卿,春秋末期齐国乐安(今属山东)人。中国春秋时期著名的军事家、政治家,尊称兵圣或孙子(孙武子),又称"兵家至圣",被誉为"百世兵家之师""东方兵学的鼻祖"。孙武由齐至吴,经吴国重臣伍员(伍子胥)举荐,向吴王阖闾(Hélú)进呈所著兵法13篇,受到重用为将。他在柏举之战率领吴国军队大败楚国军队,占领楚国都城郢城,使楚国几近覆亡。

·内容简介·

《孙子兵法》又称《孙武兵法》或《吴孙子兵法》,

现存共有6000字左右，一共13篇，每篇皆以"孙子曰"开头，按专题论说，有中心，有层次，逻辑严谨，语言简练，文风质朴，善用排比铺陈叙说，比喻生动具体，如写军队的行动："其疾如风，其徐如林，侵掠如火，不动如山，难知如阴，动如雷震。"（《军争》篇）既贴切又形象，且音韵铿锵，气势不凡。《孙子兵法》是中国古代军事文化遗产中的璀璨瑰宝，也是优秀传统文化的重要组成部分，其内容博大精深，思想精邃富赡（shàn），逻辑缜密严谨，是古代军事思想精华的集中体现。

· 核心思想 ·

"上兵伐谋，其次伐交，其次伐兵，其下攻城；攻城之法为不得已""不战而屈人之兵"是其核心思想，前提是双方愿意沟通且有足够的谈判资格和诚意。兵法的最高规则是没有规则，讲究谋略和方法，出奇制胜。对于恶性的侵略战争，坚决不容姑息。

· 价值影响 ·

《孙子兵法》是我国古代流传下来的最早、最完整、最著名的军事著作，在中国军事史上占有举足轻重的地位，其军事思想对中国历代军事家、政治家、思想家产生了非常深远的影响。它不仅仅是一部军事著作,更代表着中华儿女的智慧、思想、文化,是几千年华夏文明的结晶,是中华文明的智慧根基、源泉,被奉为"兵家经典""兵学圣典"和"古代第一兵书"。诞生2500多年,历代均有研究,在世界军事史上也具有重要的地位。刘勰称"孙武兵经,辞如珠玉"。李世民说:"观诸兵书,无出孙武。"

7 | 杂家

《吕氏春秋》

·历史地位·

一部融合各家思想的杂家名著。

·作者简介·

吕不韦（？～前235），姜姓，吕氏，名不韦，卫国濮阳（今河南省濮阳市西南）人，战国末年商人、政治家、思想家，秦国丞相，姜子牙的二十三世孙。早年经商于阳翟（Yángzhái）（今河南省禹州市），将秦国质子异人带回秦国，扶植其成为秦庄襄王后，被拜为相国，封文信侯，食邑河南洛阳十万户。庄襄王去世后，迎立太子嬴政即位，继任相国，被尊称"仲父"，权倾天下。

·内容简介·

《吕氏春秋》又称《吕览》，是在秦国相国吕不韦的主持下，集合门客们编撰而成的。全书共分26卷，

160篇，20余万字，分为12纪、8览、6论。《吕氏春秋》是中国历史上第一部有组织按计划编写的文集，上应天时，中察人情，下观地利，以道家思想为基调，坚持无为而治的行为准则，用儒家伦理定位价值尺度，吸收墨家的公正观念、名家的思辨逻辑、法家的治国技巧，加上兵家的权谋变化和农家的地利追求，形成一套完整的国家治理学说。《吕氏春秋》中的有些文章精练短小，文风平实畅达，用事说理颇为生动，称得上是优秀的文学散文；创作了丰富多彩的寓言，全书中寓言故事共有200多则。《吕氏春秋》集先秦诸子百家之大成，是战国末期杂家的代表作，所以《汉书·艺文志》等将其列入杂家。

· 核心思想 ·

为秦王兼并六国，建立大一统的封建王朝，实现长治久安提供思想上的支持。强调遵循自然之道，从自然之道中寻找治理之道的正当性与合法性；顺应自然，并以人的自觉能动去发挥创造。

· 价值影响 ·

《吕氏春秋》是中国历史上最早的一部具有一定规模和统一系统的私人学术著作。它倡导兼容精神，兼容并蓄，博而不杂，气势恢宏，结构缜密，是一套完整的治国理政学说；奇艳的文采、可贵的形象，宏伟的气魄、充畅的气势、分明的感情、显豁的褒贬，使其具有一定的文学价值。可以说，《吕氏春秋》对于中国政治、哲学、文学等方面都产生了深远影响。

《论衡》

·历史地位·

古代一部不朽的唯物主义的哲学文献、无神论著作，中国历史上一部重要的哲学思想著作。

·作者简介·

王充（27～约97），字仲任，出生于会稽上虞（今属浙江省绍兴市）。东汉思想家、文学批评家。王充出身"细族孤门"，自小聪慧好学，博览群书，擅长辩论。后来离乡到京师洛阳就读于太学，师从班彪。常游洛阳市肆读书，勤学强记，过目成诵，博览百家。为人不贪富贵，不慕高官。后罢官还家，专意著述。

·内容简介·

《论衡》现存文章有85篇，其中14篇从不同的角度论述性命问题，21篇论述天人关系，16篇论述人鬼关系及当时禁忌，24篇评论书传中的天人感应说及虚妄之言，8篇论述区分贤佞才智和用人制度，2篇可当作自序和自传。《论衡》细说微论，解释世俗之疑，辨照是非之理，即以"实"为根据，疾虚妄之言，其目的是"冀悟迷惑之心，使知虚实之分"；认为天地万物（包括人在内）都是由"气"构成，"气"是一种统一的物质元素，有"阴气"和"阳气"，有"有形"和"无形"，人、物的生都是"元气"的凝结，死灭则复归元气，这是个自然发生的过程。

·核心思想·

以元气自然论为武器，主张生死自然，力倡薄葬，反叛神化儒学，批评和反驳神学迷信；以道家的自然无为为立论宗旨，以"天"为天道观的最高范畴，以"气"为核心范畴，构成了庞大的宇宙生成模式。

·价值影响·

哲学上，提出了元气自然论、无神论、认知论、历史观、人性说、命定论等思想主张，对后世产生了深远的影响；文学上，强调"真"是"美"的基础，重视文章的实用价值，主张书面语和口语的一致，用明白晓畅的语言写文章，要求文章创新反对模仿和因袭等，对魏晋以后的文艺思想产生了很大的影响，是值得十分重视的文学理论批评的遗产。

《抱朴子》

·历史地位·

杂家典籍。

·作者简介·

葛洪（283~363），字稚川，自号抱朴子，丹阳郡句容人，东晋道教理论家、著名炼丹家和医药学家，世称小仙翁。所著《抱朴子》继承和发展了东汉以来的炼丹法术，对之后道教炼丹术的发展具有很大影响，为研究中国炼丹史以及古代化学史提供了宝贵的史料。

·内容简介·

《抱朴子》今存"内篇"20篇，论述神仙、炼丹、符箓（lù）等事；"外篇"50篇，论述"时政得失，人事臧否"。"外篇"中《钧世》《尚博》《辞义》《文行》等篇中还涉及有关于文学理论批评的内容。《抱朴子》总结了魏晋以来的神仙家的理论,确立了道教神仙理论体系,并继承了魏伯阳的炼丹理论,集魏晋炼丹术之大成。抱朴(bàopǔ)是一个道教术语。源见于《老子》"见素抱朴,少私寡欲"。

· 核心思想 ·

全力宣扬道家全身保命的"贵生"思想,极力排斥其"齐死生"论,最终走向了道教神仙信仰。实际上,庄子"贵生",顺乎自然要求终其天年,追求得更多的是一种不执着于物事的精神自由。葛洪以神仙养生为内,儒学应世为外。

· 价值影响 ·

《抱朴子》对道教的发展产生了深远的影响:总结晋代前的神仙方术,包含守一、行气、导引等,为医药学积累了宝贵的资料;继承和发展了东汉以来的炼丹法术,对之后道教炼丹术的发展具有很大影响,为研究中国炼丹史以及古代化学史提供了宝贵的史料;将神仙道教理论与儒家纲常名教相联系,开融合儒、道两家哲学思想体系之先河。

8 | 农家

《氾胜之书》

·历史地位·

西汉晚期的一部重要农学著作,我国最早的一部农书,"中国古代四大农书"(《氾胜之书》《齐民要术》《农书》《农政全书》)之一。

·作者简介·

氾(fán)胜之(生卒年不详),氾水人,著名古代农学家,原姓凡,他所编著的《氾胜之书》,总结了我国古代黄河中游流域劳动人民的农业生产经验,记述了耕作原则和作物栽培技术,对促进我国农业生产的发展产生了深远影响,由此而闻名于世。《氾胜之书》成书于西汉,与北魏贾思勰的《齐民要术》、元代王祯的《农书》、明代徐光启的《农政全书》,并称为"中国古代四大农书"。

· 内容简介 ·

《氾胜之书》总结了当时黄河流域劳动人民的农业生产经验，记述了耕作原则和作物栽培技术和种子选育等农业生产知识，反映了当时劳动人民的伟大创造，对促进中国农业生产的发展产生了深远影响。从现存有关《氾胜之书》的资料看，氾胜之具有突出的重农思想。他把粮食布帛看作国计民生的命脉所系；把推广先进的农业科学技术作为发展农业生产的重要途径；把推广先进农业科技，发展农业生产提高到"忠国爱民"的高度。

· 核心思想 ·

具有突出的重农思想。

· 价值影响 ·

《氾胜之书》是在铁犁牛耕基本普及条件下对我国农业科学技术的一个具有划时代意义的新总结，是继《吕氏春秋·任地》等三篇以后最重要的农学著作，是中国传统农学的经典之一。

9 | 历数

《九章算术》

·历史地位·

中国古代第一部数学专著,《算经十书》〔《周髀(bì)算经》《九章算术》《海岛算经》《张丘建算经》《夏侯阳算经》《五经算术》《缉古算经》《缀术》《五曹算经》《孙子算经》〕中最重要的一部。

·作者简介·

作者不详,西汉早期数学家张苍、耿寿昌等对其进行过增补删订,三国曹魏时期刘徽为其进行注释,作为通行本。

·内容简介·

《九章算术》的内容十分丰富,全书采用问题集的形式,收有246个与生产、生活实践有联系的应用问题,其中每道题有问(题目)、答(答案)、术(解题的步骤，但没有证明），有的是一题一术，有的是多题一术或一题多术。不足之处在于没有任何数学概念的定义，也没有给出任何推导和证明。

·核心思想·

确定了中国古代数学的框架，以计算为中心的特点，密切联系实际，以解决人们生产、生活中的数学问题为目的的风格。

·价值影响·

《九章算术》是几代人共同劳动的结晶。它的出现标志着中国古代数学体系的形成。后世的数学家大都是从《九章算术》开始学习和研究数学知识的。它系统总结了战国、秦、汉时期的数学成就，最早提到分数问题，首先记录了盈、不足等问题，首次阐述了负数及其加减运算法则。唐、宋两代都由国家明令规定为教科书。《九章算术》是一本综合性的历史著作，是中国为数学发展做出的又一杰出贡献，是当时世界上最简练有效的应用数学，标志中国古代数学形成了完整的体系。

10 | 医家

《黄帝内经》

· 历史地位 ·

"上古三大奇书"之一,传统医学"四大经典"著作(《黄帝内经》《难经》《伤寒杂病论》《神农本草经》)之首,中国最早的医学典籍。

· 作者简介 ·

相传为黄帝所作。后世较为公认此书最终成型于西汉,作者亦非一人,而是由中国历代黄老医家传承增补发展创作而来。黄帝,中国古代部落联盟首领,五帝之首。黄帝被尊祀为"人文初祖"。在《山海经》里"黄帝"只是诸帝之一,直到春秋战国时期才被定于一尊。史载黄帝因有土德之瑞,故号黄帝。黄帝在位期间,播百谷草木,大力发展生产,始制衣冠,建舟车,制音律,作《黄帝内经》,等。

· 内容简介·

《黄帝内经》分为《素问》和《灵枢》两部分：《素问》重点论述了脏腑、经络、病因、病机、病证、诊法、治疗原则以及针灸等内容；《灵枢》是《素问》不可分割的姊妹篇，除了论述脏腑功能、病因、病机之外，还重点阐述了经络腧穴，针具、刺法及治疗原则等。《黄帝内经》是一本综合医书，在黄老道家理论上建立了中医学上的"阴阳五行学说""脉象学说""藏象学说""经络学说""病因学说""病机学说""病症""诊法""论治"及"养生学""运气学"等学说，从整体观上来论述医学，呈现了自然、生物、心理、社会"整体医学模式"。《黄帝内经》的基本素材来源于中国古人对生命现象的长期观察、大量的临床实践以及简单的解剖学知识，其基本理论精神包括整体观念、阴阳五行、藏象经络、病因病机、诊法治则、预防养生和运气学说等。《黄帝内经》接受了中国古代唯物的气一元论的哲学思想，将人看作整个物质世界的一部分，宇宙万物皆是由其原初物质"气"形成的。在"人与天地相参""与日月相应"的观念指导下，将人与自然紧密地联系在一起。

· 核心思想 ·

在象、阴阳、五行、精气学说的基础上,结合医学研究的对象,从功能、运动变化和整体的角度认识和说明生命现象,并将和谐、平衡的思想贯穿其中,重视系统思维、辩证思维、逻辑思维,核心观念是中医思维模式的核心部分,是思维模式中最具中医特点的部分,反映了中医学科的价值取向及中医学科的内涵。

· 价值影响 ·

《黄帝内经》奠定了人体生理、病理、诊断以及治疗的认识基础,是中国影响极大的一部医学著作,被称为医之始祖。作为中国传统文化的经典之作,不仅仅是一部经典的中医名著,更是一部博大精深的文化巨著,以生命为中心,从宏观角度论述了天、地、人之间的相互联系,讨论和分析了医学科学最基本的命题——生命规律,并创建了相应的理论体系和防治疾病的原则和技术,包含哲学、政治、天文等多个方面学科的丰富知识,是一部围绕生命问题而展开的百科全书。2011 年 5 月,《黄帝内经》入选《世界记忆名录》。南怀瑾说,《黄帝内经》不只是一部医书,它更是包括"医世、医人、医国、医社会"医所有的书。

《神农本草经》

· 历史地位 ·

中医药的第一次系统总结,"中医四大经典著作"之一,已知最早的中药学著作,中医药药物学理论发展的源头。

· 作者简介 ·

秦汉时人托名"神农"所作。原书已佚,现存流行较广的有孙星衍等的辑佚本。孙星衍(yǎn)(1753~1818),是清代著名藏书家、目录学家、书法家、经学家。孙星衍字渊如,号伯渊,别署芳茂山人、微隐。阳湖(今江苏省省武进区)人,后迁居金陵(今江苏省南京市)。少年时与杨芳灿、洪亮吉、黄景仁以文学见长,袁枚称他为"天下奇才"。

· 内容简介 ·

《神农本草经》又称《本草经》或《本经》,全书分3卷,载药365种,以三品分类法,分上、中、下三品,文字简练古朴,成为中药理论精髓。《神农本草经》记载了365种药物的疗效,多数真实可靠;提出了辨证用药的思想,对中药学起到了奠基作用;其中规定的大部分中药学理论和配伍规则以及提出的"七情和合"原则，在后世的用药实践中发挥了巨大作用，是中医药药物学理论发展的源头。

·核心思想·

提出了辨证用药的思想。

·价值影响·

《神农本草经》将东汉以前零散的药学知识进行了系统总结，包含了许多具有科学价值的内容，被历代医家所珍视；首次提出了"君臣佐使"的方剂理论，一直被后世方剂学所沿用；其作为药物学著作的编撰体例也被长期沿用，作为中国第一部药物学专著，影响是极为深远的；提出了"七情和合"原则，在后世的用药实践中发挥了巨大作用；科学地处理并利用药物之间的关系、作用，对于医生和研究人员都尤为重要；在现代中医临床等方面，都在发挥着重要的作用。

《伤寒杂病论》

·历史地位·

中国传统医学著作之一,一部论述外感病与内科杂病为主要内容的医学典籍,中国中医院校以其为依托开设了一门基础课程。

·作者简介·

张仲景(约150~154年至约215~219年),名机,字仲景,南阳涅阳县(今河南省邓州市穰东镇张寨村)人。东汉末年医学家,被后人尊称为"医圣"。张仲景广泛收集医方,写出了传世巨著《伤寒杂病论》。

·内容简介·

《伤寒杂病论》的原书散佚后,经王叔和等人收集整理校勘,分编为《伤寒论》和《金匮(guì)要略》两部。《伤寒论》共10卷,专门论述伤寒类急性传染病。《伤寒论》全书的纲领为"六经形证"。它是把征候分类而定出来的,后世认为这是不废的法则。《金匮要略》全书分上、中、下3卷,共25篇,载疾病60余种,收方剂262个,所述病证以内科杂病为主,兼及外科、妇科疾病及急救猝死、饮食禁忌等内容,被后世誉为"方书之祖"。《伤寒杂病论》系统地分析了伤寒的原因、症状、发展阶段和处理方法，创造性地确立了对伤寒病的"六经分类"的辨证施治原则，奠定了理、法、方、药的理论基础。中医所说的伤寒实际上是一切外感病的总称，它包括瘟疫这种传染病。

· 核心思想 ·

《伤寒杂病论》发展并确立了中医辨证论治的基本法则，创造性地把外感热性病的所有症状，归纳为六个征候群和八个辨证纲领，以六经来分析归纳疾病在发展过程中的演变和转归，以八纲来辨别疾病的属性、病位、邪正消长和病态表现。

· 价值影响 ·

《伤寒杂病论》是集秦汉以来医药理论之大成，是我国第一部临床治疗学方面的巨著，是我国医学史上影响最大的古典医著之一，是中国第一部从理论到实践、确立辨证论治法则的医学专著，是后学者研习中医必备的经典著作，广泛受到医学生和临床大夫的重视。它确立的"辨证论治"原则，是中医临床的基本原则，是中医的灵魂所在；在方剂学方面，也做出了巨大贡献，创造了很多剂型，记载了大量有效的方剂；所确立的六经辨证的治疗原则，受到历代医学家的推崇。

《本草纲目》

·历史地位·

一部珍贵的药物学著作，中国16世纪之前药学成就的集大成制作，被誉为"东方药物学巨典"，古代中国百科全书。

·作者简介·

李时珍（1518~1593），字东璧，晚年自号濒湖山人，湖北蕲州（今湖北省蕲春县）人，明代著名医药学家。李时珍自嘉靖四十四年（1565）起，先后到多地收集药物标本和处方，并拜各种人为师，参考历代医药等方面书籍925种，"考古证今、穷究物理"，记录上千万字札记，弄清许多疑难问题，历经27个寒暑，三易其稿，于明万历十八年（1590）完成了192万字的巨著《本草纲目》，被后世尊为"药圣"。

· 内容简介 ·

《本草纲目》分为16部60类，共52卷，载有药物1892种，其中载有新药374种，收集药方1万多个，书中还绘制了1000余幅精美的插图。每种药物分列释名、集解、正误、修治、气味、主治、发明、附方等项，是对16世纪以前中医药学的系统总结。同时，在训诂、语言文字、历史、地理、植物、动物、矿物、冶金等方面也有突出成就，对人类近代科学以及医学方面影响极大。本书虽为中药学专书，但涉及范围广泛，对植物学、动物学、矿物学、物理学、化学、农学等内容亦有很多记载。

· 核心思想 ·

继承与发挥儒家思想，治学讲求格物明理；带着医者仁心的大医情怀，治病救人，济世寿民；坚持医药并重原则，传承医家之正宗。

· 价值影响 ·

《本草纲目》具有承前启后的重要意义。它所开创的基于自然属性特征而非效用特征的药物分类方法，兼顾名物训诂、药学描述和临床附方的撰述方式，400多年来一直影响着后世的中医药从业者。《本草纲目》

刊行后，促进了本草学的进一步发展，催生了《本草汇言》《本草纲目拾遗》《本草求真》等本草典籍。达尔文在其著作中亦多次引用《本草纲目》的资料，并称《本草纲目》为"古代中国百科全书"。英国李约瑟称赞李时珍为"药物学界中之王子"。

11 | 科技

《梦溪笔谈》

·历史地位·

中国科学史上的坐标和里程碑。

·作者简介·

沈括（1031～1095），字存中，号梦溪丈人，汉族，杭州钱塘县（今浙江省杭州市）人，北宋官员、科学家。沈括出身于仕宦之家，幼年随父宦游各地。嘉祐八年（1063），进士及第，后因永乐城之战牵连被贬。晚年移居润州（今江苏省镇江市），隐居梦溪园。沈括一生致力于科学研究，在众多学科领域都有很深的造诣和卓越的成就，被誉为"中国整部科学史中最卓越的人物"，其代表作《梦溪笔谈》被称为"中国科学史上的里程碑"。

·内容简介·

《梦溪笔谈》共 30 卷，其中《笔谈》26 卷，《补笔谈》3卷,《续笔谈》1卷。书中的自然科学部分,详细记载了劳动人民在科学技术方面的卓越贡献和他自己的研究成果,反映了中国古代特别是北宋时期自然科学达到的辉煌成就;社会历史方面,对北宋统治集团的腐朽有所暴露,对西北和北方的军事利害、典制礼仪的演变,旧赋役制度的弊害,都有较为翔实的记载。

·核心思想·

详细记载劳动人民在科学技术方面的卓越贡献和他自己的研究成果,反映中国古代特别是北宋时期自然科学达到的辉煌成就。

·价值影响·

《梦溪笔谈》是一部涉及古代中国自然科学、工艺技术及社会历史现象的综合性笔记体著作,《宋史》称沈括"博学善文,于天文、方志、律历、音乐、医药、卜算无所不通,皆有所论著"。《梦溪笔谈》具有世界性影响,日本早在19世纪中期排印这部名著。20世纪,法、德、英、美、意等国家都有学者、汉学家对《梦溪笔谈》进行系统而又深入的研究,而在这之前,早有各种语言的翻译本。英国科学史家李约瑟评价《梦溪笔谈》为"中国科学史上的坐标"。

《营造法式》

· 历史地位 ·

北宋官方颁布的一部建筑设计、施工的规范书，世界最早最完备的建筑学著作。

· 作者简介 ·

李诫（？～1110），字明仲，郑州管州（今河南省郑州市）人，北宋著名建筑学家。主持修建了开封府廨（xiè）、太庙及钦慈太后佛寺等大规模建筑。李诫编写了一部记录中国古代建筑营造规范的书《营造法式》。

· 内容简介 ·

《营造法式》全书36卷，357篇，3555条，分为5个部分——释名、诸作制度、功限、料例和图样，前面还有看样和目录各1卷。看样主要是说明各种以前的固定数据和做法规定及做法来由，如屋顶曲线的做法。《营造法式》的编修来源于古代匠师的实践，是历代工匠相传、经久通行的做法，所以该书反映了当时中国土木建筑工程技术所达到的水平。它的编修上承隋唐，下启明清，突出地反映了中国古代建筑工人的才能和中国古代建筑的高超技艺水平，对研究中国古代土木建筑工程和科学技术的发展具有重要意义。《营造法式》不仅内容十分丰富，而且附有非常珍贵的建筑图样，开创了图文并茂的一代新风，充分反映了中国古代工程制图学和美术工艺的高度水平。

· **核心思想** ·

《营造法式》是王安石执政期间制定的各种财政、经济的有关条例之一，在北宋刊行的最现实的意义是严格的工料限定，以杜绝腐败的贪污现象。

· **价值影响** ·

《营造法式》具有高度的科学价值，它在中国古代建筑史上起着承前启后的作用，对后世的建筑技术的发展产生了深远影响。元朝水利工程技术中关于筑城部分的规定，几乎和《营造法式》的规定完全相同；明清的同类书籍也吸取了其中很多内容。《营造法式》是研究中国古代建筑的珍贵资料，其中许多经验和知识有重要参考价值，受到了国内外建筑学界的高度重视。其现代意义在于它揭示了北宋统治者的宫殿、寺庙、官署、府第等木构建筑所使用的方法，使我们能在实物遗存较少的情况下，对当时的建筑有非常详细的了解，填补了中国古代建筑发展过程中的重要环节。

《天工开物》

·历史地位·

中国古代一部综合性的科学技术著作，中国17世纪的工艺百科全书，世界上第一部关于农业和手工业生产的综合性著作。

·作者简介·

宋应星（1587~约1666），字长庚，江西奉新县人，明朝著名科学家。举人出身，一生致力于对农业和手工业生产的科学考察和研究。2021年5月，国际天文学联合会批准中国在"嫦娥五号"降落地点附近月球地貌的命名，宋应星为八个地貌地名之一。

·内容简介·

《天工开物》共3卷18篇，全书收录了农业、手工业，诸如机械、砖瓦、陶瓷、硫黄、烛、纸、兵器、火药、纺织、染色、制盐、采煤、榨油等生产技术，是中国科技史料中保留最为丰富的一部。作者在书中强调人类要和自然相协调，人力要与自然力相配合。它更多地着眼于手工业，反映了中国明代末年出现资本主义萌芽时期的生产力状况。宋以来，资本主义生产关系以微弱的发展稀疏地存在着。新的社会现实重新激发了人们对自然、社会以及人生"格物穷理"的兴趣。

・**核心思想**・

以天工补人工开万物，或借助自然力与人力的互补通过技术从自然界开发物产；人类要与自然相协调、人力要与自然力相配合。

・**价值影响**・

《天工开物》是世界上第一部关于农业和手工业生产的综合性著作，是中国古代一部综合性的科学技术著作，是中国科技史料中保留最为丰富的一部。它更多地着眼于手工业，反映了中国明代末年出现资本主义萌芽时期的生产状况。它既是对古代科学传统的有效继承，也与当时兴起的各种具有启蒙意义的反权威意识、实学意识和民生意识息息相关。日译本称《天工开物》为"中国技术的百科全书"。《天工开物》被欧洲学者称为"17世纪的工艺百科全书"。法兰西学院汉学家儒莲将此书称为"技术百科全书",将"天工开物"理解为"对自然界奇妙作用和人的技艺的阐明"。英国科学史家李约瑟博士称宋应星为"中国的阿格里科拉"和"中国的狄德罗",称《天工开物》为"十七世纪早期的重要工业技术著作"。

《茶经》

·历史地位·

我国第一部论茶著作,中国及至世界现存最早、最完整、最全面、最完备介绍茶的第一部专著,茶叶百科全书。

·作者简介·

陆羽(约733~约804),字鸿渐,唐朝复州竟陵(今湖北省天门市)人,号竟陵子、桑苎(zhù)翁、东冈子,又号"茶山御史",唐代茶学家,被誉为"茶仙",尊为"茶圣",祀为"茶神"。陆羽一生嗜茶,精于茶道,所撰《茶经》成为世界上第一部茶叶专著。陆羽开启了一个茶的时代，为世界茶业发展做出了卓越贡献。

·内容简介·

《茶经》分3卷10节，约7000字，是关于茶叶生产的历史、源流、现状、生产技术以及饮茶技艺、茶艺原理的综合性论著，是划时代的茶学专著、精辟的农学著作、阐述茶文化的书。《茶经》系统地总结了当时的茶叶采制和饮用经验，全面论述了有关茶叶起源、生产、饮用等各方面的问题，传播了茶业科学知识，促进了茶叶生产的发展，开中国茶艺的先河。中国茶经从一开始就与佛教有着千丝万缕的联系，最初茶为僧人提供不可替代的原料，而僧人和寺院促进茶叶生产的发展和制茶技术的进步。陆羽在其《茶经》中就有不少对佛教的颂扬和对僧人嗜茶的记载，禅茶就是在这样的基础上产生的。

·核心思想·

一是茶文化中品茶悟德的"悟"与佛教的"悟"字不谋而合，悟得茶道也是一种修身的过程，融贯着佛家对真、善、美的追求；二是体现了道家思想"道法自然"的哲学和人生追求，追求忘我超脱、冲淡自然的情趣，蕴含着道家养生的精神。

·价值影响·

《茶经》是中国第一部系统地总结唐代及唐代以前有关茶事的综合性茶业著作,也是世界上第一部茶书,是划时代的茶学专著、精辟的农学著作、阐述茶文化的书;将普通茶事升格为一种美妙的文化艺术,推动了中国茶文化的发展。《茶经》在当时就已竞相传抄,《新唐书·隐逸传》说陆羽著《茶经》后"天下益知饮茶矣"。《茶经》之后,我国历代出现不少有关茶的专谱,有些还标明是对陆羽《茶经》的补充。唐代李肇说:"陆羽有文学,多意思,耻一物不尽其妙,茶术尤著。"唐代赵璘说:"羽性嗜茶,始创煎茶法。"

《酒经》

·历史地位·

中国古代酿酒技术的经典之作。

·作者简介·

朱肱(gōng)(1050～1125),曾在杭州开办酒坊,有丰富的酿酒经验。朱肱,字翼中,号无求子,晚号大隐翁。吴兴，元祐三年（1088）进士，历任雄州（今属河北省）防御推官、知邓州（今河南省邓州市）录事、奉议郎，故后人亦称"朱奉议"。

·内容简介·

《酒经》又名《北山酒经》，载有酒曲13种，除传统䴷（yǎn）曲外，还出现了风曲和曝曲，作曲全部改用生料，且多加入各种草药，表明北宋时制曲工艺技术比魏晋南北朝时要进步得多。《酒经》强调酸浆能调节发酵醪（láo）的酸度，提供酵母菌良好的营养料，抑制杂菌生长，有利酵母菌的繁殖。此外，还记载了当时加热酒液杀菌保存的新技术。

·核心思想·

论述了以阴阳五行学说为基础的中国传统发酵理论、发酵酝酿技术及制作工艺。

·价值影响·

《北山酒经》是我国古代酿酒历史上学术水平最高、最能完整体现我国黄酒酿造科技精华，在酿酒实践中最有指导价值的酿酒专著，是阐述较大规模酿酒作坊的酿酒技术的典范，对后代酿酒技术以及酒文化研究有着极其重要的影响。

12 | 释家

《金刚经》

·历史地位·

释家重要经典及代表作。

·作者简介·

有7种汉文译本,通行后秦鸠摩罗什(Jiūmóluóshí)译本。鸠摩罗什,(343～413),7岁随母出家,初学小乘,后改学大乘。博读大小乘经论,名闻西域诸国,在汉地也有传闻。后秦弘始三年(401)姚兴攻伐后凉,亲迎鸠摩罗什入长安,以国师礼待,请鸠摩罗什主持译经事业。

·内容简介·

《金刚经》全称《能断金刚般若波罗蜜经》,又称《金刚般若波罗蜜经》,简称《金刚经》,以鸠摩罗什的译本流传最广。

· **核心思想** ·

"善护念""离诸相""无所住",主张世上一切事物空幻不实,"实相者则是非相",应"离一切诸相"而"无所住",即对于现实世界不应执着或留恋。卷末四句偈文"一切有为法,如梦幻泡影,如露亦如电,应作如是观",被称为一经之精髓。

· **价值影响** ·

《金刚经》在佛法史上影响极大,被认为是诸佛之智母、菩萨之慧父、众圣之所依。其建立的扫相破执的认知和思维方式,是获取佛法正见的基础,也是建立佛法信仰和开展修行实践的前提。般若空的理论,就佛法的信与解来说,主要解决了解的问题;就佛门的知与行来说,主要解决了知的问题,自然成为诸佛之母。对大乘佛法而言,《金刚经》及其思想有着不可替代的学术价值。《金刚经》作为译介最早、流传最广的经典之一,对中国佛学乃至整个中国传统文化都产生过重大影响。在中国传统文化中,人们把《金刚经》与儒家的《论语》,道家的《道德经》《南华经》并视为释、儒、道三家的宗经宝典。

13 | 类书

《永乐大典》

· 历史地位 ·

中国古典集大成的旷世大典，一部百科全书性质的大型类书，世界有史以来最大的百科全书。

· 作者简介 ·

解缙（Xiè Jìn，1369～1415），字大绅，一字缙绅，号春雨、喜易，江西吉安府吉水（今江西省吉安市吉水县）人，祖籍代州雁门（今山西省代县），明代初期文学家、内阁首辅。洪武二十一年（1388）进士，洪武二十四年（1391）罢官，归乡进学。建文年间，被谪河州。永乐初，曾奉命总裁《太祖实录》、纂修《永乐大典》。姚广孝（1335～1418），幼名天僖，法名道衍，字斯道，号独庵老人、逃虚子。长洲（今江苏省苏州市）人。明朝政治家、佛学家、文学家，中国历史上最著名的黑衣宰相。姚广孝年轻时在苏州妙智庵出家为僧，精通三教。成祖继位后，姚广孝担任僧录司左善世,又加太子少师,被称为"黑衣宰相"。在解缙编书失败后又担任了《永乐大典》的最高编撰官,这是他在中国文化历史上的最大贡献。

· 内容简介 ·

《永乐大典》是明永乐年间由明成祖朱棣(dì)先后命解缙、姚广孝等主持编纂的一部集中国古代典籍于大成的类书。初名《文献大成》,后明成祖亲自撰写序言并赐名《永乐大典》。全书22 877卷(目录60卷,共计22 937卷),11 095册,约3.7亿字,汇集古今图书七八千种,内容包括经、史、子、集,涉及天文地理、阴阳医术、占卜、释藏道经、戏剧、工艺、农艺,涵盖了中华民族数千年来的知识财富。永乐元年(1403),朱棣决心修一部巨著彰显国威,造福万代。最初令解缙主持编纂(规模147人),后来编纂队伍扩大到2196人(累计达3000多人),于永乐五年(1407)定稿,朱棣亲自作序并赐名《永乐大典》,现今仅存800余卷且散落于世界。《永乐大典》由于卷帙(zhì)浩繁,参加纂修人员众多,前后体例不一,前后错互舛(chuǎn)误之处,亦在所难免,但不影响它的巨大价值。

·核心思想·

用韵以统字，用字以系事，"把中国古类书的编纂形式发展成为百科全书的形式"，保存了大量古书；雅俗兼收，开编辑史上敕撰书籍绝无仅有之例；宣扬国威，传达民族文化自信与繁荣。

·价值影响·

《永乐大典》保存了14世纪以前中国历史地理、文学艺术、哲学宗教和百科文献，与法国狄德罗编纂的百科全书和英国的《不列颠百科全书》相比，都要早300多年，是中国文化的一个重要符号，是中国最著名的一部古代典籍，也是迄今为止世界最大的百科全书，其规模远远超过了前代编纂的所有类书，有"万书之书"之称，为后世留下许多丰富的故事和难解之谜。据粗略统计，《永乐大典》采择和保存的古代典籍有七八千种之多，数量是前代《艺文类聚》《太平御览》《册府元龟》等书的五六倍。《不列颠百科全书》在"百科全书"条目中称中国明代类书《永乐大典》为"世界有史以来最大的百科全书"。

14 | 蒙学

《三字经》

·历史地位·

我国古代最流行的启蒙读物,与《百家姓》《千字文》《千家诗》合称"三百千千"。

·作者简介·

王应麟(1223～1296),字伯厚,号深宁居士,又号厚斋。南宋官员、学者。庆元府鄞(yín)县(今浙江省宁波市鄞州区)人。其为人正直敢言,屡次冒犯权臣丁大全、贾似道而遭罢斥,后辞官回乡,专意著述20年。晚年教育本族子弟读书时,融会经史子集,编写了三字歌诀,据传就是《三字经》。

·内容简介·

《三字经》取材典范,浅显易懂,包括中国传统文化的文学、历史、哲学、天文地理、人伦义理、忠孝节义等等，而核心思想又包括了"仁、义、诚、敬、孝"。诵读《三字经》的同时，就了解了常识、传统国学及历史故事，以及故事内涵中的做人做事道理。在格式上，三字一句，短小精悍，朗朗上口，因其文通俗、顺口、易记等特点，与《百家姓》《千字文》并称为中国传统蒙学三大读物，合称"三百千"。古代儿童都是通过背诵《三字经》来识字知理的。《三字经》用简洁通俗的白话讲出了亘古不变的哲理，脍炙人口、广为流传；不受文字限制，用通俗的文字将经、史、子、集等各部类的知识糅合在一起，全文用典极多，全篇充满乐观精神；在《三字经》出现之前，蒙学读物都是四个字一句，《三字经》则以三言形式出现，读起来轻松愉快，更符合儿歌特点。

·价值影响·

"熟读《三字经》，可知千古事。"其独特的思想价值和文化魅力仍然为世人所公认，被历代中国人奉为经典并不断流传，在古代被称为"小纲鉴"。1989年，新加坡出版潘世兹翻译的英文本《三字经》，被推荐参加"法兰克福国际书展"，并成为新加坡的教科书。1990年,《三字经》被联合国教科文组织选编入"世界儿童道德丛书",向世界各地儿童推介学习,成为一本世界著名的启蒙读物。明朝赵南星称其"句短而易读,殊便于开蒙"。

《百家姓》

·历史地位·

我国古代流行的关于汉字姓氏的启蒙读物,与《三字经》《千字文》《千家诗》合称"三百千千"。

·作者简介·

作者不详。

·内容简介·

《百家姓》原收集姓氏411个,后增补到504个,其中单姓444个,复姓60个,全文568个字。《百家姓》采用四言体例,对姓氏进行了排列,而且句句押韵,虽然内容没有文理,但对于中国姓氏文化的传承、中国文字的认识等方面都起了巨大作用。这也是能够流传千百年的一个重要因素。《百家姓》与《三字经》《千字文》并称"三百千",是中国古代幼儿启蒙读物。因为《百家姓》形成于宋朝,宋朝皇帝姓赵,为"尊国姓",故以"赵"居首。考古及基因研究显示,中国人的姓氏起源并非只有一个地区,而是存在多地区多起源的趋势。全基因组基因分型研究表明,远古时期亚洲人沿着从南往北的路线迁徙,才形成了如今的东亚人群。在文字资料的记述以及传说中,亦有中国人是从北往南迁徙而形成的说法。在《百家姓》之前,有关姓氏的文字记载可以上溯至商代甲骨文。《百家姓》虽称为"百家姓",但并非只有100个姓。根据渊源出处的不同或其特征,《百家姓》中所列姓氏可以分为14种:一、以祖先的图腾崇拜物为姓氏;二、以祖先名字中的字为姓氏;三、以封地名和国名为姓氏;四、以职业或官职为姓氏;五、以山名、河名为姓氏;六、以住地的方位为姓氏;七、以部落的名称为姓氏;八、以出生时的异象为姓氏;九、以谥号为姓氏;十、因避祸、避仇、避讳、避嫌所改的姓氏;十一、帝王赐姓氏;十二、以数量词、排行次序及天干地支为姓氏;十三、少数民族汉化改姓为氏;十四、容易读错的姓氏。关于《百家姓》与《三字经》《千字文》的区别,明代理学家吕坤曾说过:"初入社学八岁以下者,先读《三字经》以习见闻,读《百家姓》以便日用,读《千字文》以明义理。"

· 核心思想 ·

所辑录的姓氏,体现了中国人对宗脉等的强烈认同感;在历史的衍化中,为人们寻找宗脉源流,建立宗脉意义上的归属感,帮助人们认识传统的血亲情结,提供了重要的文本依据。

· 价值影响 ·

《百家姓》是一种特殊的历史文献,记载了中国姓氏的发展。它与姓氏家谱、方志、正史等构成完整的中国历史,是中国珍贵文化遗产的一部分。2009年,《百家姓》被中国世界纪录协会收录为中国最早的姓氏书。

《千字文》

· 历史地位 ·

我国早期的必读蒙学课本,与《三字经》《百家姓》《千家诗》合称"三百千"。

· 作者简介 ·

周兴嗣(469～537),字思纂,陈郡项(现河南省沈丘县)人。世居姑熟(今安徽省当涂县),博学善属文。

武帝时，拜安成王国侍郎。帝每令兴嗣为文，如《次韵王羲之书千字文》。每奏，辄称善。官终给事中。

・内容简介・

《千字文》是由1000个汉字组成的韵文（在隋唐之前，不押韵、不对仗的文字，被称为"笔"，而非"文"）。梁武帝命人从王羲之书法作品中选取1000个不重复汉字，命员外散骑侍郎周兴嗣编纂成文。全文分为四个部分：一是讲述天地开辟；二是重在讲述人的修养标准和原则；三是讲述与统治有关的各方面问题；四是主要描述恬淡的田园生活。全文为四字句，对仗工整，条理清晰，文采斐然；语句平白如话，易诵易记。《千字文》涵盖了天文、地理、自然、社会、历史等多方面的知识，是启蒙和教育儿童的最佳读物。中国大陆实行简化字、归并异体字后，其简体中文版本剩下990余个相异汉字。

・核心思想・

将论道、弘德作为君子的为人处世之道。

・价值影响・

《千字文》在文采上独领蒙学读物风骚，堪称训蒙长诗。《千字文》流传 1000 多年表明，它既是一部流传广泛的童蒙读物，也是中国传统文化的一个组成部分。唐朝以后，《千字文》这种形式被人们广泛地加以学习和采用，出现了一大批以《千字文》为名的作品；宋代真宗时，编成了一部 4359 卷的《道藏》，分装在 400 多函中，每一函都按《千字文》的顺序编号，起于"天地玄黄"的"天"字，终于"宫"字，所以人称这部《道藏》为《大宋天宫道藏》。《千字文》后来译有英文版、法文版、拉丁文版、意大利文版。明代古文大家王世贞称此书为"绝妙文章"。顾炎武说："读者苦《三苍》之难，便《千文》之易，于是至今为小学家恒用之书。"

《千家诗》

·历史地位·

我国古代流行的带有启蒙性质的诗歌选集，与《三字经》《百家姓》《千字文》合称"三百千千"。

·作者简介·

谢枋（fāng）得（1226～1289），字君直，号叠山，

别号依斋,信州弋阳(今江西省上饶市弋阳县)人,南宋末年著名的爱国诗人,诗文豪迈奇崛,自成一家。担任六部侍郎,聪明过人,文章奇崛;学通"六经",淹贯百家,带领义军在江东抗元,被俘不屈,在北京殉国。作品收录在《叠山集》。

·内容简介·

《千家诗》是宋代谢枋得以《重订千家诗》(皆七言律诗)和清代王相所选《五言千家诗》为蓝本合并而成。《千家诗》为4卷本,共有诗人122家,其中唐代65家、宋代53家、明代2家、无名氏2家;226首诗,都是律诗和绝句。所选诗歌大多是唐宋时期的名家名篇,题材丰富多样,篇幅短小精悍,内容通俗易懂,意境清幽深远,声调朗朗上口,易学好懂,题材主要包括山水田园、赠友送别、思乡怀人、吊古伤今、咏物题画、侍宴应制。

·核心思想·

《千家诗》选材广泛,较为生动地反映了唐宋时期的社会现实、风俗民情。

·价值影响·

《千家诗》荟萃了唐宋时期诗歌中的名篇,在民间流传广泛，影响极其深远。它从一开始就受到广大读者的青睐，是明清两朝流传极广、影响深远的儿童普及读物，而"千家诗"这个书名更是广被采用，足见《千家诗》的影响。

《声律启蒙》

·历史地位·

中国古代最为普及的训练儿童应对、掌握声韵格律的启蒙读物。

·作者简介·

车（jū）万育（1632~1705），字双亭，号鹤田，湖南邵阳人。康熙二年（1663），与兄万备同举湖广乡试，1664年中进士。官至兵科给事中。性刚直，直声震天下，至性纯笃，学问渊博。

·内容简介·

《声律启蒙》按韵分编，包罗天文、地理、花木、鸟兽、人物、器物等的虚实应对；从单字对到双字对，三字对、五字对、七字对到十一字对，声韵协调，朗朗上口,从中得到语音、词汇、修辞的训练;从单字到多字的层层属对,读起来,如唱歌般,较之其他全用三言、四言句式更见韵味。这类读物在启蒙读物中独具一格,经久不衰。明清以来,如《训蒙骈句》《笠翁对韵》等书,都是采用这种方式编写,并得以广泛流传。诗词和对联是中国古代重要的文学形式,2000多年来一直薪火相传,至今仍具有强大的生命力。在古代,自私塾的幼童起,就开始接受这种文学修养的训练,对声调、音律、格律等都有严格的要求,一些声律方面的著作也应运而生,而《声律启蒙》则是其中较有代表性的一种。

· 核心思想 ·

尚古,推崇仁、义、礼、智、信,反对愚忠、愚孝。

· 价值影响 ·

《声律启蒙》是中华传统智慧的结晶,不仅包罗万象,蕴含着丰富的历史故事,还极富音韵美、对仗美和意境美,有类似于诗歌的艺术特质。直到今天仍然具有现代教育价值、审美价值和生命力,阅读吟诵《声律启蒙》有利于浸染其浓郁的诗味氛围获得审美情感体验,有利于陶冶心灵情操,有利于培养纯正的审美趣味。

《增广贤文》

·历史地位·

古代为人处世的经验总结,中国明代时期编写的儿童启蒙书。

·作者简介·

作者未见任何书载,为无名氏,清代同治年间儒生周希陶曾进行过重订。周希陶,清代同治年间人,生卒年不详,据说是一老学究,是个塾师。

·内容简介·

《增广贤文》又名《昔时贤文》《古今贤文》,集结了中国从古到今的各种格言、谚语,后经过明、清两代文人不断增补,内容涵盖人际关系、命运、如何处世、对读书的看法等。《增广贤文》看似杂乱无章,但只要认真通读,不难发现有其内在的逻辑,它对人性的认识以儒家荀子"性恶论"思想为前提,以冷峻的目光洞察社会人生。《增广贤文》认为,人是虚伪的,为了一己之私变化无常,嫌贫爱富,趋炎附势,从而使世界布满了陷阱和危机。该书有大量篇幅叙述如何待人接物,这部分内容是全文的核心;文中对忍让多有描述，认为忍让是消除烦恼祸患的方法；主张自我保护、谨慎忍让，也强调人的主观能动性。

·核心思想·

行"仁道""恕道"，有爱心，以心换心，将心比心；遵"义道""孝道"，有诚信，与人为善，克己复礼。

·价值影响·

《增广贤文》是一定的社会政治经济在观念形态上的反映，由于时代和历史的局限，必然打上那个时代的印记，存在不符合时代精神的，我们要在阅读时采取批判的态度，明察扬弃，批判继承，吸取其有营养的成分，古为今用。古人说："读了《幼学》走天下，读了《增广》会说话。"

《颜氏家训》

·历史地位·

中华民族史上第一部结构完整、气势恢宏的家训。

·作者简介·

颜之推(531~约590),字介,中国古代文学家、教育家,19岁便被任为国左常侍,开皇年间被召为学士,后约于开皇十七年(590)因病去世。学术上,颜之推博学多识,一生著述甚丰,被陈振孙誉为"古今家训之祖"。

·内容简介·

《颜氏家训》是颜之推记述个人经历、思想、学识以告诫子孙的著作,共有7卷,20篇,分别是序致第一、教子第二、兄弟第三、后娶第四、治家第五、风操第六、慕贤第七、勉学第八、文章第九、名实第十、涉务第十一、省事第十二、止足第十三、诫兵第十四、养心第十五、归心第十六、书证第十七、音辞第十八、杂艺第十九、终制第二十。《颜氏家训》是中国文化史上的一部重要典籍,文章风格"质而明,详而要,平而不诡",内容方面"兼论字画音训,并考正典故,品第文艺",现世精神上"述立身治家之法,辨正时俗之谬"。颜之推并无赫赫之功,也未列显官之位,却因一部《颜氏家训》而享千秋盛名,由此可见其家训的影响深远。

· 核心思想 ·

修身思想体现在重视个人的道德品行，重视子女对父母的孝敬，重视父母对子女的引导，重视兄弟手足之情。治学思想体现在治学要趁早，创造良好的治学环境，重视学习的实用性。

· 价值影响 ·

作为传统社会的典范教材，《颜氏家训》直接开后世"家训"的先河，是我国古代家庭教育理论宝库中的一份珍贵遗产，是古人经验智慧的结晶，是训导后人的旷世之作，对中华民族的价值重大。历代学者对该书推崇备至，视之为垂训子孙以及家庭教育的典范。《颜氏家训》不仅在立身治家、家庭伦理、道德修养方面对我们今天有着重要的借鉴作用，而且对研究古文献学，研究南北朝历史、文化有着很高的学术价值。同时，作者在特殊政治氛围（乱世）中所表现出的明哲思辨，对后人有着宝贵的认识价值。纵观历史，颜氏子孙在操守与才学方面都有惊世表现，像注解《汉书》的颜师古，书法为世楷模、笼罩千年的颜真卿，凛然大节震烁千古、以身殉国的颜杲卿等人，都令人对颜家有不同凡响的深刻印象。

四 集部

中华经典藏书阁
云上

品读典籍智慧，弘扬优秀文化

文化传承探宝
趣味测试
领略经典文化魅力

国学精读宝典
深入解读
带你掌握国学精髓

经典文化题库
答题闯关
助你夯实文化基础

口袋电子书架
便捷体验
随时随地在线阅读

1 | 小说

《西游记》

·历史地位·

中国古典四大名著(《西游记》《水浒传》《三国演义》《红楼梦》)之一,中国古代第一部浪漫主义章回体长篇神魔小说。

·作者简介·

吴承恩(约1500~1582),字汝忠,号射阳山人,淮安山阳(今江苏省淮安市)人,明代小说家。吴承恩自幼聪明过人,但他科考不利,至中年才补上"岁贡生"。长期寓居南京,靠卖文补贴家用。后出任过长兴县丞,但由于看不惯官场黑暗,不久就愤而辞官。晚年归居乡里,放浪诗酒,贫老以终。

·内容简介·

《西游记》全书100回,以"玄奘取经"这一历史事件为蓝本，主要讲述了孙悟空出世跟随菩提祖师学艺及大闹天宫后，遇见了唐僧、猪八戒、沙僧和白龙马，西行取经，一路上历经艰险，降妖除魔，经历了九九八十一难，终于到达西天见到如来佛祖，最终五圣成真的故事。《西游记》是将历史上的真实事件不断地神化、幻化，最终以"虚幻"的形态呈现在读者面前。其艺术特色表现在：一是以诡异的想象、极度的夸张，突破时空，突破生死，突破神、人、物的界限，创造了一个神异奇幻的境界；二是为全书设定的情节框架是神本佛本准则体系，在取经缘由的构思中，书中设置了由帝王、将相、天帝、佛仙合力经营的实施方案，丰富了中国长篇小说的结构；三是将动物的形态、神魔的法力和人的意志精神三者很好地结合了起来，产生了很多个性鲜明、独特的艺术形象；四是寓庄于谐的手法使全书充满着喜剧色彩和诙谐气氛；五是采用象征手法，从而使唐僧师徒五人之间形成了一个与五行相关的圆形封闭对应关系，从而为表达主题思想提供了条件。

·核心思想·

借神魔世界反映现实社会，揭露明代社会的黑暗和腐败；歌颂了敢于向封建权威挑战的叛逆精神和英雄行为；通过孙悟空的形象来宣扬"三教合一"的心学思想；宣扬了惩恶扬善，表达了人战胜自然的豪情壮志。

· **价值影响** ·

《西游记》是中国神魔小说的经典之作，达到了古代长篇浪漫主义小说的巅峰，被列入"中国古典四大名著"；开辟了神魔长篇章回小说的新门类，书中将善意的嘲笑、辛辣的讽刺和严肃的批判巧妙结合，直接影响着讽刺小说的发展；在世界文学史上，《西游记》也是浪漫主义的杰作，魔幻现实主义的开创者。《西游记》问世以来广为流传，鸦片战争以后，渐渐传入欧美，被译为多国语言。清朝张书绅说："或问《西游记》果为何书？曰实足一部奇文，一部妙文。无一不奇，所以谓之奇书。"英国安东尼说："《西游记》是中国传统小说中的精品之一。"法国艾登堡说："没读过《西游记》，就像没读过托尔斯泰或陀思妥耶夫斯基一样，这种人侈谈小说理论，可谓大胆。"

《水浒传》

·历史地位·

中国古典四大名著之一,我国第一部成功的章回体长篇白话小说。

·作者简介·

施耐庵(约1296~约1370),名耳,又名子安,号耐庵,或称"钱塘施耐庵",江苏兴化人,元末明初文学家,被誉为"中国长篇小说之父"。相传施耐庵在大宅里坐馆教学时,还经常教学生画画。他要求严格,每次只教一幅人物画,直到学生画好后再教另外一幅。他前后教学生画了108幅。这些画张张面孔不一样,各个动作不同,神态各异,个性有别。他刻画的108个人物形象,据说就是《水浒传》里的108将。

·内容简介·

《水浒传》通过描写梁山好汉反抗欺压、水泊梁山壮大和受宋朝招安,以及受招安后为宋朝征战,最终消亡的宏大故事,艺术地反映了中国历史上宋江起义从发生、发展直至失败的全过程,深刻揭示了起义的社会根源,满腔热情地歌颂了起义英雄的反抗斗争和他们的社会理想，也具体揭示了起义失败的内在历史原因。其艺术特色表现在：所刻画的人物形象并非一两个单一形象，而是群体形象，对人物的刻画，特别是对水泊梁山上的108个好汉的个性刻画得非常鲜明；曲折动人的情节，尖锐激烈的矛盾冲突，往往通过一个个场面展开、一个个细节描写，一步步地推向高潮，使得故事情节精彩纷呈；采用纵横交错的复式结构，梁山起义的发生发展和失败的全过程纵贯全篇，又连缀着一个一个相对独立自成整体的主要人物的故事。在人物形象塑造中，充分发挥人物语言和描述语言的个性功效，通过恰当地使用鲜明特色的语言使人物形象生动、突出。

· 核心思想 ·

通过各个英雄被逼上梁山的不同经历，描写出他们由个体觉醒到走上小规模联合反抗，到发展为力量壮大的农民起义队伍的全过程，表现了"官逼民反"这一封建时代农民起义的必然规律，塑造了农民起义领袖的群体形象，深刻反映出北宋末年的政治状况和社会矛盾；歌颂了农民起义领袖们劫富济贫、除暴安良的正义行为，肯定了他们敢于反抗、敢于斗争的革命精神；反映了中国传统文化中的江湖文化，这种文化以游民意识为核心思想，与正统的庙堂文化相对立，具有流动性、秘密性等特征。

·价值影响·

《水浒传》问世后，在社会上产生了巨大的影响，成为后世中国小说创作的典范，是中国历史上最早用白话文写成的章回小说之一，流传极广，脍炙人口。同时也是汉语言文学中具备史诗特征的作品之一，对中国乃至东亚的叙事文学都有深远的影响。金圣叹说："别一部书，看过一遍即休，独有《水浒传》，只是看不厌，无非为他把一百八个人性格都写出来。"日本木村英雄说："《水浒传》的影响已远远超过了文学和演唱的范围。"胡适说："在五百年中，流行最广、势力最大、影响最深远的书，并不是'四书''五经'，也不是理性语录，乃是几部白话小说，《水浒传》就是其中的一部奇书，是我国文学的正宗。"

扫码进入
- 口袋电子书架
- 经典文化题库
- 国学精读宝典
- 文化传承探宝

《三国演义》

·历史地位·

中国古典四大名著之一,一部长篇章回体历史演义小说,代表我国历史题材小说的最高成就。

·作者简介·

罗贯中(约1330～约1400),名本,字贯中,太原人,号湖海散人,元末明初小说家,被称为中国章回小说的鼻祖。他的章回小说分章叙事,分回标目,每回故事相对独立,段落整齐,但又前后勾连,首尾相接,将全书构成统一的整体。罗贯中不仅是被公认中国最早的章回体小说、"历史演义"类型的开山之作《三国演义》的作者,而且还分别被认为开创了章回体小说"英雄传奇"和"神魔小说"类型,对中国小说的发展有划时代的意义。有人甚至称罗贯中为"中国古代小说之王"。

·内容简介·

《三国演义》全名为《三国志通俗演义》,又称《三国志演义》,是元末明初小说家罗贯中根据陈寿《三国志》和裴松之注解以及民间三国故事传说经过艺术加工创作而成。《三国演义》共120回,大致分为

"黄巾起义""董卓之乱""群雄逐鹿""三国鼎立""三国归晋"五大部分,描写了从东汉末年到西晋初年之间近百年的历史风云,以描写战争为主,再现了东汉末年的群雄割据混战和魏、蜀、吴三国之间的政治和军事斗争,最终司马炎一统三国,建立晋朝的故事,反映了三国时期各类社会斗争与矛盾的转化,并概括了这一时代的历史巨变,塑造了一群叱咤风云的三国英雄人物。其艺术特色表现:在历史叙事方面,采用浅近文言、雅俗共赏,笔法富于变化、摇曳多姿,结构宏伟、完整严密,依史以演义、总结的历史经验教训十分鲜明,继承传统史学实录精神、"七实三虚";在情节结构方面,以魏、蜀、吴三国兴亡为纵线,以战争发展和人物活动为材料,分散之中有集中,形成一个统一的小说系统;在战争描写方面,突出展现了战争的多样化、军事行动与政治策略相结合、战争的胜负系于智谋,着重写人不着重写战争过程等特点;在应用文使用方面,在中国古代小说史上第一次将书信等应用文体大量、频繁地运用到自己的作品中;在人物塑造方面,小说特别注意把人物放在现实斗争的尖锐矛盾中,通过各自的言行或周围环境,表现其思想性格。据统计,里面有名有姓的人物不下千余人,在众多纷繁复杂的人物形象中,描写得比较详细、人物性格突出的有近百位,对其肖像有所描绘的二三百人。毛宗岗把曹操、诸葛亮、关羽称为其中的"三绝"。

·核心思想·

以人物为载体形象地诠释了中国传统文化的基本精神,即仁、义、礼、智、信等中国传统文化价值体系中的核心因素;通过三国故事,揭示了"话说天下大势,合久必分,分久必合"的历史发展规律;自始至终贯穿着"尊刘贬曹"的思想倾向,体现了人民群众拥护明君、向往和平和憎恶暴君、反对动乱的愿望;通过"桃园结义"的故事,极力宣扬了刘、关、张的义气,从而表现出明显的"信义"思想;通过三国之间政治、军事、外交等各种事件,生动形象地展现了历史上各种斗争的经验和智慧。

·价值影响·

《三国演义》文学价值表现在军事政治描写和人物塑造上:小说最擅长描写战争,注意描写在具体条件下不同战略战术的运用,指导作战的主观能动性的发挥,而不把主要笔墨花在单纯的实力和武艺较量上。在人物塑造上:小说特别注意把人物放在现实斗争的尖锐矛盾中来表现人物的性格特征。《三国演义》用一种比较成熟的演义体小说语言,塑造了千姿百态的人物形象，描写了近百年的历史进程，创造了一种新型的小说体裁。这不仅使当时的读者"争相誊录，以便观览"，而且也刺激了文士和书商们继续编写和出版同类小说的热情。自嘉靖以后，各种历史演义如雨后春笋，不断问世。《三国演义》名播四海，先后被译成数十种文字，广受喜爱。袁阔成说："《三国演义》是那段历史的一座人才宝库，也是一部活的兵书，是一座军事大课堂。"金庸说："《三国演义》的社会影响，远远超过了它的文学价值。显然，就文学而论，它的人物塑造功夫也确是第一流的，中国后世的小说家都从其中吸取了营养。"俄国作家科洛克洛夫说："《三国演义》在表现中国人民艺术天才的许多长篇小说之中占有显著的地位"，"它可说是一部真正具有丰富人民性的杰作"。

《红楼梦》

·历史地位·

中国古典四大名著之一，中国古代章回体长篇小说，古代白话小说的巅峰之作。

· 作者简介 ·

曹雪芹（约1715~约1763），名霑（zhān），字梦阮（ruǎn），号雪芹，又号芹溪、芹圃（pǔ），出生于江宁，出身清代内务府正白旗包衣世家，江宁织造曹寅（yín）之孙，曹頫（fǔ）之子。曹雪芹早年在南京江宁织造府亲历了一段锦衣纨绔、富贵风流的生活，雍正六年（1728），曹家因亏空获罪被抄家，曹雪芹随家人迁回北京老宅，后又移居北京西郊，靠卖字画和朋友救济为生，曹家从此一蹶不振，日渐衰微。经历了生活中的重大转折，曹雪芹深感世态炎凉，对封建社会有了更清醒、更深刻的认识。他蔑视权贵，远离官场，过着贫困如洗的艰难日子。曹雪芹素性放达，爱好广泛，以坚韧不拔的毅力，历经多年艰辛，终于创做出极具思想性、艺术性的伟大作品——《红楼梦》。高鹗（è）（约1738~约1815），字兰墅，号研香，别号红楼外史。《红楼梦》出版史、传播史上首个刻印本、全璧本——程高本的两位主要编辑者、整理者、出版者之一。乾隆五十六年（1791）至五十七年（1792），高鹗应友人程伟元之邀协助编辑、整理、出版《红楼梦》程甲本、程乙本。红学家俞平伯临终遗言："程伟元、高鹗是保全《红楼梦》的，有功！"

· 内容简介 ·

《红楼梦》别名《石头记》等，通行本共120回，以贾、史、王、薛四大家族的兴衰为背景，从富贵公子贾宝玉的视角，以贾宝玉与林黛玉、薛宝钗的爱情婚姻悲剧为主线，描绘了一些闺阁佳人的人生百态，展现了真正的人性美和悲剧美，是一部从各个角度展现女性美以及中国古代社会百态的史诗性著作。其艺术特色表现在：一是它像生活和自然本身那样丰富、复杂，而且浑然天成，作者把生活写得逼真而有味道；二是塑造了众多活生生的人物形象，各自具有独特的个性特征，不少形象成为不朽的艺术典型；三是情节结构改变了单线发展的特点，交错发展，彼此制约，创造了一个宏大完整而又自然的艺术结构；四是环境描写充满了诗情画意，将大范围的社会典型环境的描写、特征融入小说的细节描写中，让读者感受到大厦将倾的时代变迁和社会生活的特别氛围；五是语言简洁而纯净、准确而传神、朴素而多采，达到了炉火纯青的境界。

· 核心思想 ·

全面而深刻地反映了封建社会盛极而衰的时代特征，揭露了封建社会后期的种种黑暗和罪恶及其不可克服的内在矛盾，对腐朽的封建统治阶级和行将崩溃的封建制度作了有力的批判，使读者预感到它必然要走向覆灭的命运;通过对贵族叛逆者的歌颂,表达了新的朦胧的理想;体现了儒、释、道三家深厚的宗教哲学思想,打破千年的男尊女卑的传统教条,将中国人入世与出世的纠结,以最具体、最动人的人生故事呈现出来。

·价值影响·

《红楼梦》是一部具有世界影响力的人情小说、中国封建社会的百科全书、传统文化的集大成者。问世不久,曾经以手抄本的形式流传了30年,被人们视为珍品。"当时好事者每传抄一部,置庙市中,昂其价,得金数十,可谓不胫而走者矣!"据清代一些文人笔记的零星记载,《红楼梦》当时已成为人们谈论的中心。京师流传的竹枝词说:"开谈不说《红楼梦》,纵读诗书也枉然。"在谈论时,有时因双方争执不下,"遂相龃龉(jǔyǔ),几挥老拳"。民间戏曲、弹词演出《红楼梦》时,观众为之感叹唏嘘,声泪俱下。甚至有人读了《红楼梦》,由于酷爱书中人物以致痴狂。《红楼梦》杰出的创作成就,给后世作家提供了丰富的艺术经验,直至中国现代文学中,仍有明显受《红楼梦》影响取得一定成就的作品。历来以《红楼梦》题材创作的诗、词、戏曲、小说、电影、绘画就更不胜枚举。

200年来对《红楼梦》的研究工作一直没有间断,并有大量的研究著作产生,成为一种专门的学问——"红学"。这在中国文学史上是罕有的现象。周汝昌说:"《红楼梦》是我们中华民族的一部古往今来、绝无仅有的'文化小说'。如果你想要了解中华民族的文化特点特色,最好的——既最有趣味又最为捷便(具体、真切、生动)的办法就是去读通了《红楼梦》……《红楼梦》是一部以重人、爱心、唯人为中心思想的书,是我们中华文化史上的一部最伟大的著作。《红楼梦》是我们中华民族文化的代表性最强的作品。"法国《鸭鸣报》曾评价说:"《红楼梦》是'宇宙性的杰作',曹雪芹具有布鲁斯特的敏锐的目光,托尔斯泰的同情心,缪(miào)西尔的才智和幽默,有巴尔扎克的洞察和再现包括整个社会自下而上的各阶层的能力。"

《搜神记》

· 历史地位 ·

一部笔记体志怪小说集。

· 作者简介 ·

干宝（？—336），字令升，新蔡（今属河南省）人，东晋史学家、文学家，出身世家，少即勤学，博览群书，历数十年而成《搜神记》。

· 内容简介 ·

《搜神记》原书为30卷，今本为20卷，内容十分丰富，有大小故事454个，大都源于神话传说、宗教演义和民间传闻，虽然虚妄荒诞，却各有理寓；讲忠孝节义的反映儒家观点，讲神仙术数的根植道教思想，表现因果报应的源于佛学宗旨，劝善惩恶则是三教殊途同归的目的。题材方面有谶纬（chènwěi）神学，有神仙变幻，有精灵物怪，有妖祥卜梦，还有人神、人鬼的交通恋爱等。《搜神记》对前代神话鬼怪传说故事是一种创造性继承：一是从《搜神记》中故事的来源来看，既有对前代作品内容的继承，又有自己的创造；从艺术上来看，继承了前代神话中强烈的夸张、丰富的想象和神奇的幻想等浪漫主义手法，语言雅致清峻、曲尽幽情，确是"直而能婉"的典范；从作品的形制篇幅上看，《搜神记》突破上古神话比较简单、零散的缺点，故事中矛盾的发生、发展、高潮、结局大体具备，表现出了较为完整的艺术构思。

·核心思想·

反映古代人民的思想感情，揭露统治阶级的残酷，歌颂反抗者的斗争。此外，记载鬼神怪魅（mèi），"发明神道之不诬"。

·价值影响·

《搜神记》中的故事大多篇幅短小，情节简单，设想奇幻，极富浪漫主义色彩，开创了中国古代神话及灵怪小说的先河，对后世影响深远；艺术成就在两晋志怪中独占鳌（áo）头，对后世影响极大，不但成了后世志怪小说的模物，又是后人取材之渊薮（sǒu）；保存了许多具有史料价值的资料，不仅可作为正史注的来源，弥补了正史记载的不足，也是《晋书》《宋书》等史书的直接史料来源。此外，以《搜神记》为代表的汉魏六朝志怪小说对于唐代传奇的形成起到了直接的推动作用。鲁迅说："传奇者流，源盖出于志怪……"甚至以写鬼怪著称的蒲松龄，在《聊斋志异》序中也说："才非干宝，雅爱搜神。"

扫码进入
☑ 口袋电子书架
☑ 经典文化题库
☑ 国学精读宝典
☑ 文化传承探宝

《封神演义》

·历史地位·

明代神魔小说的代表作之一,中国文学史上魔幻题材的鼻祖,一部展现东方人丰富想象力的巨作。

·作者简介·

许仲琳(约1560~约1630),号钟山逸叟(yìsǒu),应天府(今江苏省南京市)人,明朝小说家。相传《封神演义》是由他编辑成书的。

·内容简介·

《封神演义》全书100回,主要写了武王伐纣的故事:前30回着重写纣王的暴虐,姜子牙归隐,文王访贤,得姜子牙之辅佐后完成讨伐纣王的大业;后70回主要写商、周两国的战争,掺杂有宗教的斗争,纣王凶而自焚,武王夺取天下,分封列国,姜子牙回国封神,使有功于国的人和鬼各有所归。姜子牙斩将封神之说,早就传闻于说词者之口,元刊《武王伐纣平话》,伐纣斩将的故事已具雏形。明代万历年间余邵鱼编集的《列国志传》,采用了大量民间传说并对故事进一步做了推演、扩大。许仲琳等在前人创作、民间传说基础上写定了《封神演义》。其艺术特色表现在：构思上故事性很强，采用在历史大框架中纵横想象的长篇叙事方式，具有一定的史诗风格；运用丰富的想象力，塑造了一些人物的形象；在人物性格的刻画方面，写出了人物复杂的性格。

·核心思想·

《封神演义》以历史观念、政治观念作为支撑全书的思想框架，表现了作者对于仁君贤主的拥护和赞颂以及对于无道昏君的不满和反抗。由于时代与观念所限，书中充斥着宿命论和迷信色彩。这是不可避免的时代局限性。

·价值影响·

《封神演义》集史实与传闻之大成，将商纣王的暴君形象作了最后的定型。它对后世的影响是非常巨大的，在20世纪初开始有外语译本，均为选译。中国以该小说原本为题材，改编了多个版本的影视剧。从历史演义角度看，《封神演义》比较真实地反映了上古时期商周斗争特别是纣王失败周代商兴的历史面貌。在把封建纲常"天理"化的程朱理学占统治地位的明代，作者所表现的进步的政治思想和伦理思想，显然具有与封建专制主义相抗衡的叛逆意义，闪耀着可贵的思想光芒。此外，《封神演义》使中国道教举世闻名。鲁迅说："其间时出佛名，偶说名教，混合三教，略如《西游》，然其根柢，则方士之见而已。"郑振铎说："故《封神传》中的叙述，颇有很大胆的地方。若哪吒的逼父，杨戬的反殷，都是旧礼教所不能容的，而许氏却言之津津。"

《金瓶梅》

·历史地位·

明代"四大奇书"（《金瓶梅》《三国演义》《水浒传》《西游记》）之一，中国明代长篇白话世情小说，中国第一部文人独立创作的章回体长篇小说。

·作者简介·

兰陵笑笑生（生卒年月不详），其真实身份已成为历史谜团。他是明代《金瓶梅》（又名《金瓶梅词话》）的作者所用的笔名。明沈德符《万历野获编》则说《金瓶梅》是"嘉靖间大名士手笔"。

・内容简介・

《金瓶梅》全书100回，书名由书中3个女主人公潘金莲、李瓶儿、庞春梅名字中各取一字合成。小说题材由《水浒传》中武松杀嫂一段演化而来，通过对兼有官僚、恶霸、富商3种身份的市侩势力代表人物西门庆及其家庭罪恶生活的描述，再现了当时社会民间生活的面貌，描绘了一个上至太师擅权专政，下至地方官僚恶霸乃至市井地痞、流氓、帮闲所构成的鬼蜮世界，揭露了明代中叶社会的黑暗和腐败，具有深刻的认识价值。《金瓶梅》中有数百个人物，结构大而不乱，主要人物都很有个性，里面运用了大量方言、歇后语、谚语、词曲，不少词曲用得颇为精妙，又富含杂学知识，对后世小说创作影响很大。

・核心思想・

通过对兼有官僚、恶霸、富商3种身份的封建时代市侩势力的代表人物西门庆及其家庭罪恶生活的描述，揭露了明代中叶社会的黑暗和腐败，表达了反对封建礼教、支持女性追求幸福的思想。

・价值影响・

《金瓶梅》开启了文人直接取材于现实社会生活而创作长篇小说的先河，是中国文学史上第一部由文人独立创作、以现实社会中的人物和家庭日常生活为题材的长篇小说。它以家庭为中心，联系到天下、国家，反映现实社会；倾心于女性的世界，把人类的另一半推向舞台的中心；打破大团圆的传统结局，如实描写人生悲剧。在中国古代小说中，它还是第一部细致地描述人物生活、对话及家庭琐事的小说。这具有非常重要的意义。问世后曾被改编为多种戏曲，后来又被多次改编成影视作品，位列明代"四大奇书"之首，在中国古代小说发展史上有着独特的地位，在中国文学史上具有开拓性意义，成为中国古典小说的分水岭。清初张竹坡称《金瓶梅》为"第一奇书"。清代刘廷玑说："深切人情事务，无如《金瓶梅》，真称奇书。"鲁迅说："诸世情书中，《金瓶梅》最有名。"

《聊斋志异》

· 历史地位 ·

中国清代最杰出的文言小说集。

· 作者简介 ·

蒲松龄（1640～1715），字留仙，一字剑臣，号柳泉居士，世称聊斋先生，淄川（今山东省淄博市淄川区）人，清代文学家，早年有文名，始终未中举，直至71岁才援例为岁贡生，长期为塾师、幕友，郁郁不得志，所著《聊斋志异》在中国文学史上有重要地位。

· 内容简介 ·

《聊斋志异》俗名《鬼狐传》，简称《聊斋》，是中国清朝小说家蒲松龄创作的文言短篇小说集，共有491篇，内容揭露封建统治的黑暗，抨击科举制度的腐朽，反抗封建礼教的束缚，具有丰富深刻的思想内容。其中描写爱情主题的作品，在全书中数量最多，通过花妖狐魅和人的恋爱，表现了作者理想的爱情。其艺术特色表现在：《聊斋志异》采用传奇的方法来志怪，情节委曲，描写丰美，形象生动，语言精练。

· 核心思想 ·

揭露现实政治的腐败和统治阶级对人民的残酷压迫，反映了封建社会的根本矛盾，有着正统的传统儒释道思想和民间因果报应思想；描写男女主人公之间至死不渝的爱情，歌颂爱情超越时空的巨大力量，寄托其对情爱关系的思考，传达出了作者具有现代意识萌芽的爱情观、友情观。

· **价值影响** ·

《聊斋志异》将中国古代文言短篇小说发展到了一个新高度。问世后风行天下,翻刻本竞相出现,相继出现了注释本、评点本,成为小说中的畅销书。自1765年初刻,其后200年间,所刊版本极多。因此人称:"流播海内,几千家有其书。"不仅在国内影响深远,而且在国外也有很大影响,先后出现了60多种外文译本,已被写进世界各主要国家的大百科全书,从而成为享有很高声誉的世界名著。从20世纪20年代起,便出现了根据该小说原本改编的影视剧,约有70个版本。郭沫若说:"写鬼写妖高人一等,刺贪刺虐入骨三分。"老舍说:"鬼狐有性格,笑骂成文章。"

"三言"

· **历史地位** ·

三言(《喻世明言》《警世通言》《醒世恒言》)与凌濛初的"二拍"(《初刻拍案惊奇》《二刻拍案惊奇》)合称"三言二拍"。

· 作者简介 ·

冯梦龙（1574～1646），字犹龙、耳犹、子犹，号龙子犹、茂苑（yuàn）野史、顾曲散人、姑苏（Gūsū）词奴、平平阁主人等。中国古代文学家、戏曲家。明朝南直隶苏州府长洲县（今江苏省苏州市）人。冯梦龙出身士大夫家庭，与兄冯梦桂、弟冯梦熊并称"吴下三冯"。原欲应试入仕，然屡试不第，于茶坊酒楼频繁接触下层社会，积累了大量民间文学史料。崇祯十一年（1638），任满致仕回乡从事著述。思想上受王守仁、李贽影响，强调真挚的情感，反对虚伪的礼教。

· 内容简介 ·

"三言"各40篇，共120篇，辑录了宋元明以来的文言笔记、传奇小说、戏曲、历史故事乃至社会传闻再创作而成。"三言"所收录的作品，都程度不同地经过冯梦龙增删和润饰。这些作品题材广泛，内容复杂，从各个角度不同程度地反映了当时市民阶层的生活面貌和思想感情，有对封建官僚丑恶的谴责和对正直官吏德行的赞扬，有对友谊、爱情的歌颂和对背信弃义、负心行为的斥责。这些作品强调人的感情和人的价值应该得到尊重，所宣扬的道德标准、婚姻原则，与封建礼教、传统观念是相违背的。这是充满生命活力的市民思想意识的体现。其艺术特色表现在：既重视故事完整,情节曲折和细节丰富,又调动了多种表现手段,刻画人物性格,人物形象鲜明,不同程度地反映了当时的社会面貌和市民思想感情;语言有了很大的变化和发展,改变了过去书面语与口头语分离的状况,完全采用通俗、晓畅的白话,力避文白间杂,风格趋于统一。

· 核心思想 ·

谴责了封建官僚的丑恶,赞扬了正直官吏的德行,歌颂了友谊、爱情,否定了背信弃义、负心的行为;肯定了人情、人欲的合理性,充满了对普通人命运的关注和同情,体现了新兴市民的意志和愿望;改变重农抑商的传统意识,肯定经商致富的行为;强调文学的教化作用。

· 价值影响 ·

在明代中后期,通俗小说的创作取得了极大的发展,在加工、编写"三言"的过程中,突破了说话人的话本模式,重塑了一种专供普通人阅读的、白话短篇小说的文体。编辑与修订便是冯梦龙的文本重构。其思想的总体结构形式是:在以近古新兴的渲染自然人性的主情人文思想去解构传统文化思想的同时,又以吸纳了释道的儒家思想为主导去兼容和消化主情思潮，即儒雅与世俗互摄互涵的中和审美形式。它的刊行，推动了短篇小说的发展和繁荣，标志着中国短篇白话小说的民族风格和特点已经形成。

"二拍"

·历史地位·

"二拍"（《初刻拍案惊奇》《二刻拍案惊奇》）为两个拟话本小说集，并称"二拍"，与冯梦龙的"三言"合称"三言二拍"。

·作者简介·

凌濛初（1580～1644），字玄房，号初成，亦名凌波，一字彼斥，别号即空观主人。浙江湖州府乌程县人（今浙江省湖州市吴兴区）。明代文学家、小说家和套版印书家。

·内容简介·

"二拍"各40卷，共80卷。作者根据野史笔记、文言小说和当时的社会传闻创作的，主题反映了市民生活中追求财富和享乐的社会风气，同时反映了资本主义萌芽时期人们渴望爱情和平等的自由主义思想。"二拍"的有些作品反映了市民的生活和他们的思想意识，有些作品提出在爱情婚姻生活中要求男女平等的观点，"奉劝世人行好事，到头原是自周全"的劝谕思想贯穿始终。其艺术特色表现在：情节曲折起伏，生动有趣，引人入胜，扑朔迷离，却又合乎情理；人物内心刻画细致入微，艺术形象栩栩如生，令读者拍案叫绝。与冯梦龙的"三言"相比，部分优秀作品在艺术技巧有所发展：叙事更加统一、完整，写奇事，叙奇遇，情节更有"拍案惊奇"的艺术效果；模拟遵循话本小说的体制，并加以完善，意图明确，脉络贯通；语言继承了话本叙事的生动活泼的传统，保持了文人创作语言简洁优美的长处；写法上保持了话本小说道德训诫的传统，更强烈地表现了作者的主观意识和个性特征。但总体说来，《初刻拍案惊奇》中的作品，其艺术成就比不上冯梦龙的"三言"。

· 核心思想 ·

真实反映当时世俗社会的生活风貌，以及明代随着社会阶级关系的改变而发生的生活观念的变化；体现出反抗封建礼教、争取个性自由的时代精神；表现了金钱对封建社会的腐蚀和冲击，肯定了人们经商致富的行为；肯定了人的生存权利，体现出新的人生价值观念。

·价值影响·

"二拍"是我国文学史上首次文人独立创作的拟话本小说集，标志着我国古代白话短篇小说已由集体的锤炼跃进到个人的创造，由说话人的技艺转为作家的文学创作，由娱乐听众的手段变成教育讽劝的工具，已成了作家的自觉的事业了。它是我国古代白话小说史上的一个里程碑。"二拍"较之"三言"其撷取的社会内容更贴近普通百姓的生活，更真实地反映当时的时代。这是"二拍"的价值所在。孙楷第说："凌氏的拟话本小说，得力处在于选择话题，借一事而构设意象……化神奇于臭腐，易阴惨为阳舒，其功力亦实等于创作。"

《儒林外史》

·历史地位·

中国古代文学史上一部杰出的现实主义长篇讽刺小说，开创了以小说直接评价现实生活的范例。

·作者简介·

吴敬梓（1701～1754），字敏轩，号粒民，安徽全椒人，祖籍浙江温州，晚年自称文木老人、秦淮寓客。清代文学家。吴敬梓出身缙绅（jìn shēn）世家，幼年聪颖，善于记诵。早年生活豪纵，初入学为生员，后屡困科场，家业衰落，经历世态炎凉之苦。晚年研究经学，穷困以终。

·内容简介·

《儒林外史》全书56回，从元末明初写起（"楔子"），一直写到明万历四十四年（1616，"幽榜"），前后历时200多年。正文从第二回开始，故事发生在明代成化末年，上距"楔子"约120年；结束于第五十五回"四客"故事，此事发生在万历二十三年（1596），下距"幽榜"21年。前后历经一个朝代的兴衰。以写实主义手法描绘各类人士对于"功名富贵"的不同表现：一方面真实地揭示人性被腐蚀的过程和原因，从而对当时吏治的腐败、科举的弊端、礼教的虚伪等进行了深刻批判和嘲讽；一方面热情地歌颂了少数人物以坚持自我的方式所作的对于人性的守护，从而寄寓了作者的理想。其艺术特色表现在：它是一部短篇与长篇相结合的作品，书中没有贯穿始终的主要人物和故事框架，而是一个个相对独立的故事的连环套；通过精确的白描，写出的人事的矛盾、不和谐，含义隽永；通过不和谐的人和事进行婉曲而又锋利的讽刺；具有悲喜交融的美学风格；以生活中的真人真事为原型，加以艺术的锤炼，使之成为具有典型意义的人物形象。

·核心思想·

形象地刻画了在科举制度下，知识阶层精神道德和文化教育腐朽糜烂的现状，透过人生百态揭示了士人功名利禄的观念、官僚制度、人伦关系和整个社会风气，揭露科举制度以及在这个制度奴役下的士人丑恶的灵魂，讽刺了封建官吏的昏聩无能、地主豪绅的贪吝刻薄、附庸风雅的名士的虚伪卑劣，以及整个封建礼教制度的腐朽和人民灵魂的扭曲。

·价值影响·

《儒林外史》是一部以辛辣的笔触对社会现状和儒士命运进行批判揭露的讽刺小说，代表着中国古代讽刺小说的高峰，开创了以小说直接评价现实生活的范例。以该书为发端的一大批谴责小说出现，形成了一股批判封建社会的潮流，一直影响到五四运动以后的新文学。被译成多种文字，在世界上广泛传播，成为一部世界性的文学名著。在国际汉学界，该书更是影响颇大，早有多种文字传世，有认为《儒林外史》足堪跻身于世界文学杰作之林，是对世界文学的卓越贡献。该书脱稿后即有手抄本传世，后人评价甚高。鲁迅认为该书思想内容"秉持公心，指摘时弊"，胡适认为其艺术特色堪称"精工提炼"。

《博物志》

·历史地位·

一部志怪小说集，中国第一部博物学著作。

·作者简介·

张华（232～300），字茂先。范阳郡方城县（今河北省固安县）人。西晋时期政治家、文学家、藏书家，西汉留侯张良的十六世孙。张华出身范阳张氏，自少贫苦，永康元年（300），赵王司马伦发动政变，张华惨遭杀害，时年69岁。张华工于诗赋，辞藻华丽，又雅爱书籍，精于目录学，编纂有《博物志》。

·内容简介·

《博物志》内容记载异境奇物、琐闻杂事、神仙方术、人物传说、山川地理、飞禽走兽、奇异的草木虫鱼以及奇特怪诞的神仙故事，包括神话、古史、博物等内容，包罗万象；记述了八月有人乘浮槎至天河见牛郎的故事，是有关牛郎织女神话故事的最古文字起源。其艺术特色表现在：在讲解深刻的文化现象时，尽可能将复杂的概念转化为形象可感的事例或浅显易懂的道理；在讲述故事时，尽可能保持语言的轻快，嬉笑怒骂，针砭时弊。

·核心思想·

反映了魏晋南北朝时期士人对思想解放的追求，表达了"清谈"之风背后士人思想所受的禁锢，揭露了统治阶级在政治上的黑暗腐败。

·价值影响·

《博物志》实为继《山海经》后，我国又一部包罗万象的奇书，填补了中国博物类书籍的空白，同时保存了我国古代不少神话材料。所记山川地理深受《山海经》的影响，性质大略相当于《山海经》的缩写。虽未收入《道藏》，但历来被道教重视，其中神仙资料常常为道教研究者所引用。《博物志》描绘了诸多国家的奇风异俗和其国民的天赋异禀，从中反映出魏晋的社会风尚和思想追求。

《阅微草堂笔记》

·历史地位·

一部以笔记形式所编写成的文言短篇志怪小说。

·作者简介·

纪昀（yún）（1724～1805），字晓岚，别字春帆，号石云，道号观弈道人、孤石老人，直隶河间府献县人（今属河北省沧州市献县），清代文学家、官员。清乾隆十九年（1754）考中进士，官至礼部尚书、协办大学士、太子少保。曾任《四库全书》总纂官。嘉庆十年（1805），病逝，时年82岁，因其"敏而好学可为文，授之以政无不达"（嘉庆帝御赐碑文），谥号"文达"。

·内容简介·

《阅微草堂笔记》共38万余字，24卷，全书分5大栏目，其中包括《滦阳消夏录》6卷、《如是我闻》4卷、《槐西杂志》4卷、《姑妄听之》4卷、《滦阳续录》6卷，自乾隆五十四年（1789）至嘉庆三年（1798）陆续写成。清嘉庆五年（1800），由其门人盛时彦合刊印行。全书主要记述狐鬼神怪故事，旨在劝善惩恶，虽然不乏因果报应的说教，但是通过种种描写，折射出封建社会末世的腐朽和黑暗。其艺术特色表现在：明显受了《聊斋志异》影响，语言精美典雅，行文亦庄亦谐；有意模仿宋代笔记小说质朴简淡的文风，曾在历史上一时享有同《红楼梦》《聊斋志异》并行海内的盛誉。

· 核心思想 ·

借志怪描写折射出当时官场腐朽昏暗堕落之百态，反对宋儒的空谈性理疏于实践之理气哲学，讽刺道学家的虚伪矫作卑鄙，揭露社会人心贪婪枉法及保守迷信，对处于社会下层的广大人民悲惨境遇的生活表达出深刻的同情与悲悯。

· 价值影响 ·

《阅微草堂笔记》在清代大量的笔记小说中独树一帜，成为唯一能够与《聊斋志异》媲美的作品，被誉为清代笔记小说中的"双璧"。由于作者文笔好、地位高，它在当时文坛上影响很大。可见《阅微草堂笔记》实为"无人能夺其席"的中国文学瑰宝。鲁迅说："隽思妙语,时足解颐;间杂考辨,亦有灼见"。

《镜花缘》

·历史地位·

中国古典长篇神话小说。

·作者简介·

李汝珍(约1763~约1830),字松石,号松石道人,直隶大兴(今属北京市)人,清代小说家、文学家。人称北平子,博学多才,精通文学、音韵等。少年时师从凌廷堪。他一生生性耿直,不阿权贵,不善钻营,始终没有谋到像样的官职。中年以后,潜心钻研学问,用20年时间写成可与《西游记》《封神榜》媲美的《镜花缘》。

·内容简介·

《镜花缘》共100回,前半部分(50回)描写了唐敖、多九公等人乘船在海外游历的故事,包括他们在女儿国、君子国、无肠国等国的经历;后半部(50回)写了武则天科举选才女,由百花仙子托生的唐小山及其他各花仙子托生的一百位才女考中,并在朝中有所作为的故事。其艺术特色表现在：以其神幻诙谐的创作手法数经据典，奇妙地勾画出一幅绚丽斑斓（bān-lán）的天轮彩图；继承了《山海经》中的一些材料，经过再创造，凭借丰富的想象、幽默的笔调，运用夸张、漫画、对比、隐喻、反衬等手法，创造出了结构独特、思想新颖的长篇小说。文本的表层展示的是虚幻、浪漫、静谧的万般世相，深处却一度奔突、冲撞着由生命的热爱、执着与死亡的敬畏、疑惑的巨大张力支撑起的深沉悲痛的宇宙意识。这种对人类生存根本性问题的追问才是小说具有魅力的部分。

· 核心思想 ·

在旧式男性中心社会中，宣扬女子才学，伸张女权，提出女性、女权和民主问题，男女应该受平等的待遇、平等的教育、平等的选举制度；批判社会的丑恶面，呈现人性的诙谐与讽刺。

· 价值影响 ·

《镜花缘》是清代著名小说家李汝珍所著清代百回长篇小说，是一部与《西游记》《封神榜》《聊斋志异》同辉璀璨、带有浓厚神话色彩、浪漫幻想迷离的中国古典长篇小说，对中国文学有着较大的影响，具有弘扬传统文化、审美娱乐、教化益德的功能。胡适说："李汝珍所见的是几千年来忽略了的妇女问题。他是中国最早提出这个妇女问题的人，他的《镜花缘》是一部讨论妇女问题的小说。"鲁迅说："论学说艺，数典谈经，连篇累牍而不能自已矣。"

《世说新语》

·历史地位·

中国最早的笔记体小说集，魏晋逸事小说的集大成之作，魏晋南北朝时期玄学笔记小说的代表作。

·作者简介·

刘义庆（403～444），字季伯，彭城（今江苏省徐州市）人，南朝宋宗室，文学家，宋武帝刘裕之侄，长沙景王刘道怜次子，其叔父临川王刘道规无子，即以刘义庆为嗣（sì），袭封南郡公。

·内容简介·

《世说新语》主要是记载东汉后期到晋宋间一些名士的言行与逸事，通行本分为"德行""言语""政事""文学""方正"等36门,每门有若干则故事,全书共有1200多则,每则文字长短不一,有的数行,有的三言两语,由此可见笔记小说"随手而记"的诉求及特性。其艺术特色表现在:重在表现人物特点,有的重形貌,有的重才学,有的重心理,人物性格各异,气韵生动,跃然纸上,清谈放诞的风气贯穿整个时代;语言清微简远、言约旨近、冷峻隽永,有着丰厚的文化内涵。

·核心思想·

一是希望社会稳定,以儒家思想治天下;二是追求崇尚自然、无为的生活方式;三是含蓄地劝诫统治者要以人为本。

·价值影响·

《世说新语》是中国魏晋南北朝时期玄学"笔记小说"的代表作,为言谈、逸事的笔记体短篇小说集。从书中魏晋士人的言行故事可以看到,魏晋时期谈玄成为风尚,对魏晋士人的思维方式和生活状况,乃至整个社会风气都产生了重要影响。该书涉及各类人物众多,个性独特,《唐语林》等都是仿《世说新语》之作,此类小说被称为"世说体"小说。胡应麟说:"读其语言,晋人面目气韵,恍然生动,而简约玄澹,真致不穷。"毛际可说："殷、刘、王、谢之风韵情致，皆于《世说》中呼之欲出。

《酉阳杂俎》

·历史地位·

一部笔记小说集。

·作者简介·

段成式（约803～863），字柯古。临淄（今山东省淄博市临淄区北）人，唐代著名志怪小说家，卒于懿宗咸通四年（863），其父段文昌，曾任宰相，封邹平郡公，工诗，有文名。在诗坛上，段成式与李商隐、温庭筠齐名。

·内容简介·

《酉阳杂俎》有前卷20卷，续集10卷。所记有仙佛鬼怪、人事以至动物、植物、酒食、寺庙等等，分类编录，一部分内容属志怪传奇类，另一部分记载各地与异域珍异之物，与晋张华《博物志》相类。《酉阳杂俎》中的"酉阳"，是今湖南省怀化市沅陵县的二酉山别称。据说当年秦始皇"焚书坑儒"时，博士官伏胜偷运书籍五车，藏于此山石洞内，直至秦亡，才拿出来献给汉高祖刘邦，终于保住春秋诸子百家文化，使之不致断绝，后遂以"酉阳"来借指传世珍贵的书籍。其艺术特色主要是：故事简练、有趣，结构完整，情节生动，形象鲜明。

· 核心思想 ·

表达时代的宽（包）容精神、自信精神、反抗精神、生命意识觉醒和众生平等观念，渴望超强力量并实现价值追求的理想。唐朝较为宽容的政治环境、开放的思想环境、宽裕的物质环境使当时世人思想增加了积极乐观的成分，拓展和鼓励了世人的想象力发展，寻仙求道正符合唐朝百姓在生死问题上的浪漫主义追求。

· 价值影响 ·

从中国小说史的角度看，《酉阳杂俎》最有价值的部分是志怪小说。到了明末清初，《聊斋志异》把这种文体推向了高峰。《酉阳杂俎》是一部上承六朝，下启宋、明以及清初志怪小说的重要著作，对后世产生了较大的影响；保存了大量的参考材料，为我们研究古代历史、社会史、中外关系史、晚唐传奇文学、自然科学、宗教等提供了条件。《四库全书总目提要》指出："其书多诡怪不经之谈，荒渺无稽之物。而遗文秘籍，亦往往错出其中。故论者虽病其浮夸，而不能不相征引，自唐以来，推为小说之翘楚。"鲁迅曾予以高度评价，认为这部书与唐代的传奇小说"并驱争先"。

《太平广记》

·历史地位·

中国古代文言纪实小说的第一部总集。

·作者简介·

李昉（fǎng）（925~996），字明远，深州饶（ráo）阳（今河北省衡水市饶阳县）人。北宋初年名相、文学家。门荫入仕，进士及第，李昉工诗，效法白居易诗风，为"白体诗"代表人物之一。撰写诰命共30余年，参与编写《太平御览》《文苑英华》《太平广记》。

·内容简介·

《太平广记》是取材于汉代至宋初的纪实故事为主的杂著，属于类书；共500卷，目录10卷；按题材分为92类,又分150余细目;神怪故事所占比重最大,如神仙55卷、女仙15卷、报应33卷、神25卷、鬼40卷。李昉等14人奉宋太宗之命编纂,因成书于宋太平兴国年间,和《太平御览》同时编纂,所以叫作《太平广记》,基本上是一部按类编纂的古代故事总集。《太平广记》的分类是多层面的。按文化形态来划分,可分为官方宗教和原始宗教。官方宗教又可细分为道教、佛教、儒教;原始宗教亦可细分为天相、物相和鬼怪精魂。按小说的内容题材来分,可分为志怪和志人。志怪可分为道教的神仙类、佛教的因果报应类以及原始宗教的鬼神怪异类,志人也可分为奇异之人、贤豪之人和狂放之人。其分类法充分体现出《太平广记》的编选者及其时代的小说观。

· **核心思想** ·

神怪故事给当时的人带来刺激和消遣;对现实也有披露和谴责,言微旨远。首列"神仙",不仅迎合了封建帝王,同时揭示出普通人的生存的实质,表达对人类的终极关怀,体现出传统文化人文精神。

· **价值影响** ·

《太平广记》作为文言小说总集,其小说的概念和特点基本上反映在其类别的划分上，首次采用双层分类法，发展了《世说新语》分类的体格和构架，又是一部文言小说类书。中国的小说成熟于唐代，唐代小说的绝大部分收集在《太平广记》里，明清人编印的唐代小说集却往往是改头换面的伪书，所以鲁迅指点读者看唐人小说还是要看《太平广记》。《太平广记》对后来的文学艺术的影响十分深远。宋代以后话本、曲艺、戏剧的编者，都从《太平广记》里选取素材，把许多著名故事加以改编。例如演张生、崔莺莺故事的《西厢记》，有各种不同的剧本。这个故事差不多已经家喻户晓了，可是最早保存在《太平广记》里的它的素材《莺莺传》，却很少人知道。

2 | 总集选集

《海内十洲三岛记》

· 历史地位 ·

中国汉代志怪小说集。

· 作者简介 ·

东方朔（前154～前93），字曼倩，平原郡厌次县（今山东陵县东北，一说今山东惠民东）人，西汉时期著名文学家、辞赋家。汉武帝即位，征辟四方士人。东方朔上书自荐，拜为郎。博学广识，性格诙谐，言辞敏捷，滑稽多智，常在汉武帝面前谈笑取乐，善于以诙谐的语言和方式陈说国政大事，甚得汉武帝赏识。东方朔一生著述甚丰，有《答客难》《非有先生论》等名篇，诙谐风趣，义理精辟，言辞才辩，独树一帜，文采风格，卓然一家。司马迁在《史记》中称他为"滑稽之雄"。

· 内容简介 ·

《海内十洲三岛记》又名《海内十洲记》或《十洲三岛记》,具体记述汉武帝闻"十洲"于西王母,乃召见东方朔询问其所有之异物名,东方朔则为武帝详述十洲三岛上的真仙神宫、仙草灵药、甘液玉英、奇禽异兽等。颇仿《山海经》体例,因其书"言神仙境士",所以神话怪异故事就特别多。本书神仙道家色彩浓重,构成了中国神仙道家小说的重要组成部分。

· 核心思想 ·

东方朔搜集西汉以来关于十洲三岛及昆仑的种种传闻,敷衍成一个自成系统的神仙世界,并附会东方朔游十洲三岛之说,是想通过这些"自神其术"的夸大之语,进行神仙道教宣传,侧面也表达了对统治阶级的不满情绪。

· 价值影响 ·

《海内十洲三岛记》记述十洲三岛之方位、幅员、物产及奇闻异事,神仙道家色彩浓重,构成了中国神仙道家小说的重要组成部分。后世文人诗词文章多征引此书,影响甚广,如秦始皇派徐福率五百童男童女到海外求不死之草的故事。鲁迅评价该书"辞意新异"，周中孚评价此书"文辞丰缛，虽无裨于舆地，实有助于文章云"。由于其过于鼓吹仙家，内容受到局限。

《楚辞》

·历史地位·

我国最早的辞赋总集，浪漫主义文学之滥觞，中国文学史上第一部浪漫主义诗歌总集。

·作者简介·

"楚辞"的名称，西汉初期已有之，至刘向乃编辑屈原等人的作品而成集。屈原，芈（mǐ）姓，屈氏，名平，字原，又自云名正则，字灵均，出生于楚国丹阳秭归（今湖北省宜昌市秭归县），楚武王熊通之子屈瑕（xiá）的后代，战国时期楚国诗人、政治家。少年时受过良好的教育，博闻强识，志向远大。早年受楚怀王信任，提倡"美政"，后遭贵族排挤诽谤，被先后流放至汉北和沅湘流域。楚国郢都被秦军攻破后，自沉于汨罗江，以身殉楚国。屈原是中国历史上一位伟大的爱国诗人，中国浪漫主义文学的奠基人，"楚辞"的创立者和代表作家，开辟了"香草美人"的传统,被誉为"楚辞之祖"。屈原的"求索"精神,成为后世仁人志士所信奉和追求的一种高尚精神。1953年(屈原逝世2230周年),世界和平理事会确定屈原为当年纪念的世界四大文化名人之一。

· 内容简介 ·

"楚辞"之名首见于《史记·酷吏列传》。可见至迟在汉代前期已有这一名称。其本义是泛指楚地的歌辞,以后才成为专称,指以战国时楚国屈原的创作为代表的新诗体。西汉末年,刘向将屈原、宋玉的作品以及汉代淮南小山、东方朔、王褒、刘向等人承袭屈原、宋玉的作品汇编成集,计16篇,定名为《楚辞》。后王逸增入己作《九思》,成17篇,即《离骚》《九歌》《天问》《九章》《远游》《卜居》《渔父》《九辩》《招魂》《大招》《惜誓》《招隐士》《七谏》《哀时命》《九怀》《九叹》《九思》。这个17篇的篇章结构,遂成为后世通行本。《楚辞》部分作品因效仿楚辞的体例,有时也被称为"楚辞体"或"骚体"。"骚",因其中的作品《离骚》而得名,故"后人或谓之骚",与因十五《国风》而称为"风"的《诗经》相对,分别为中国现实主义与浪漫主义的鼻祖。其艺术特色主要是:运用楚地的方言声韵,叙写楚地的山川人物、历史风情,具有浓厚的地域文化色彩;以屈原作品为主,其余各篇承袭屈赋的形式，感情奔放，想象奇特；句式较活泼，在节奏和韵律上独具特色，更适合表现丰富复杂的思想感情。

· **核心思想** ·

作为《楚辞》的主要作者，屈原具有改革政治的热情，热爱人民、社会，眷恋故土、祖国，不愿向黑暗势力妥协，其人格和作品更加光耀。以《离骚》为代表的《楚辞》，折射的是一代士大夫追求理想、追求高尚情操与人格的缩影与写照。这些精神、文化内核，正是《楚辞》跨越千年，经久不衰，激励一代代中国人奋发图强的动力。

· **价值影响** ·

《楚辞》对中国文学的发展有极其深广的影响，几乎每个文学领域，各个不同的体裁的文学都不同程度地存在它的身影。其后，中国诗歌开始了从集体歌唱到个人独立创作的新时代，对后世文人心态的确定与赋的形式都有重要影响，对整个中国文化系统有不同寻常的意义，特别是文学方面，其参差灵活的体裁以及"寄情于物""托物以讽"的表现方法，开创了中国浪漫主义文学的诗篇，甚至对小说、散文、戏剧也产生了不小的影响。不仅如此，其中蕴含的深沉的爱国主义情怀和积极顽强的斗争精神给一切追求光明、坚持正义的人士以精神上的鼓励。《楚辞》较早就流传海外，特别是在日本、朝鲜、越南等汉字文化圈国家。郑振铎说："像水银泻地，像丽日当空，像春天之于花卉，像火炬之于黑暗的无星之夜，永远在启发着、激动着无数的后代的作家们。"李白曾吟诗道："屈平词赋悬日月，楚王台榭空山丘。"

《唐诗三百首》

·历史地位·

流传最为广泛的唐诗选集。

·作者简介·

孙洙（zhū）（1711～1778），字临西，一字芩（qín）西，号蘅（héng）塘，晚号退士，清康熙五十年（1711）生于江苏无锡。早年入京师国子监学习，乾隆九年（1744）中举，乾隆十六年（1751）中进士。在任期间，鉴于当时通行的《千家诗》"工拙莫辨"，他决定编辑一部唐诗选集取而代之。在继室徐兰英的协助下，于乾隆二十九年（1764）以"蘅塘退士"署名的《唐诗三百首》终告完成。由于所选作品体裁完备，风格各异，富有代表性，又通俗易懂，刊行后广为流传，"几至家置一编"。

·内容简介·

历朝历代的文人视唐诗为圭臬（guīniè），奉唐人为典范。编选唐诗时，是依据沈德潜的《唐诗别裁》及王士祯的《古诗选》《唐贤三昧集》《唐人万首绝句选》为主，杂以其他唐诗选本。《唐诗三百首》选诗范围相当广泛，收录了77家诗，共310首，在数量上以杜甫诗数多，有38首，王维诗29首，李白诗27首，李商隐诗22首。《唐诗三百首》的题材广泛，反映唐代的政治矛盾、边塞军事、宫闱妇怨、酬酢应制、宦海升沉、隐逸生活等。《唐诗三百首》向来有几种注释本流行，其中以陈婉俊的补注较为简明。唐朝290年间，是中国诗歌发展的黄金时代，云蒸霞蔚，名家辈出，唐诗数量多达5万首。中国是诗的国度，唐朝是中国诗歌的巅峰时期，那个黄金时代令人神往。诗歌是当时文学的最高代表，成为中国传统文学坚实的组成部分，也是中华文明亮丽的风景线。唐诗与宋词、元曲并称，题材宽泛，众体兼备，格调高雅，是中国诗歌发展史上的奇迹。

· 核心思想 ·

孙洙有感于用作家塾课本的《千家诗》选诗标准不严格，体裁不完备，全书体例也不统一，以《唐诗别裁》为蓝本，进一步精选诗作310首编订成书，成就了流传最广、影响最大的唐诗普及读物——《唐诗三百首》。该书成了唐诗读本中的上乘之作，正所谓"熟读唐诗三百首，不会作诗也会吟"。

· 价值影响 ·

《唐诗三百首》成书后，流传最广，影响最大，风行海内，老幼皆宜，雅俗共赏，成为屡印不止的最经典的选本之一。《唐诗三百首》以成功务实的编法、简易适中的篇幅、通俗大众的观点打动着读者，成为儿童最成功的启蒙教材、了解中国文化的模范读本，对中国诗歌选编学、中国人的心理构成都有很大的影响。

《古文观止》

· 历史地位 ·

代表古代散文的最高成就的大众读物。

· 作者简介 ·

《古文观止》由吴楚材、吴调侯共同编纂而成。吴楚材（1655~1719），名乘权，字子舆，号楚材，浙江山阴（今浙江省绍兴市）州山人。幼受家教，勤奋好学。16岁时，患足疾，一病数年，仍手不释卷。疾愈，学问大进，在家设馆授徒，但多次应考不中。吴调侯，为清朝康熙年间人，籍贯属绍兴府山阴县（今浙江省绍兴市）。与其叔吴楚材二人均饱览经典，皆不宜仕途而埋没民间，都长期从事私塾教学，只具中等学历，在清代文坛和学术界算不得是入流人物，因合编《古文观止》而留名后世。

· 内容简介 ·

《古文观止》是清朝康熙年间选编的一部供学塾使用的文学读本，是为学生编的教材，康熙三十四年（1695）正式镌版印刷。《古文观止》收自东周至明代的文章222篇，全书12卷，以收散文为主，兼取骈文，所选之文思想性与艺术性俱佳，题材广泛，内容充实，情真意切，语言精练，短小精悍，便于传诵。此外，在文章中间或末尾，选者有一些夹批或尾批，对初学者理解文章有一定帮助。体例方面一改前人按文体分类的习惯，而是以时代为经，以作家为纬。先秦选得最多的是《左传》，汉代选得最多的是《史记》，唐宋时代选得最多的是韩愈、柳宗元、欧阳修、苏轼的文章。二吴对清代以前散文的选择存在明显的偏重,重先秦、两汉和唐宋时期散文,轻两晋六朝和明代散文。其特色主要表现在以下方面。一是"全"。几乎收存了我国古代文章的各种样式和各类内容,囊括了几乎所有名篇。二是"精"。把写作艺术作为第一原则,按历史的流程将古代最优秀的作家最具代表性的作品依次编录,而历史影响大、写作手法一般的就不在收录范围。三是"短"。222篇散文中有80多篇文章在300字以下,千字以上的文章不超过10篇。最短的2篇文章只有80多字。四是"实"。文章实用,所选议论文涉及方方面面,均可资借鉴。此外,对一部作品或一个作家,选择了那些可以代表其思想与艺术风格的篇章;对同一体裁的作品,入选时能从不同角度着眼,因而很少雷同单调。

· 核心思想 ·

收录古文之精华,启人深思,全方位展现中华文化的博大精深与中国人民的超凡智慧;将不违背封建正统思想的作品放在首位,"异端邪说"不能入选;突破分类选编容易流于琐细的局限,能够大致反映古代散文不同发展阶段和不同风格的概貌,给读者以中国散文史的整体观;衡文标准力图思想与艺术兼顾,尽量避免重理偏向或重文偏向。

·价值影响·

《古文观止》是一部比较系统的通史性选本,能大致反映古代散文不同发展阶段和不同风格的概貌,给读者以中国散文史的整体观;突破了分类选编容易流于琐细的局限,以时代为纲,以作者为目,阅读方便,查看快捷,印象深刻;具有流行性、通俗性、权威性的特点,影响巨大,是较好的普及性古文选本。鲁迅认为,在文学上的影响,两者(《昭明文选》和《古文观止》)都一样地不可轻视。

《昭明文选》

·历史地位·

中国现存最早的大型诗文总集。

·作者简介·

萧统(501～531),字德施,南兰陵郡兰陵县人。南朝梁宗室、文学家,梁武帝萧衍长子,梁简文帝萧纲和梁元帝萧绎长兄,母为贵嫔丁令光。萧统于天监元年(502)

被册立为太子。他举止大方，在东宫以仁德而闻名，受朝野及百姓爱戴。后因"蜡鹅厌祷"一事，父子产生嫌隙（xiánxì）。中大通三年（531），萧统因病早逝，时年31岁。

·内容简介·

《昭明文选》收录自周代至六朝梁以前七八百年间130多位作者的诗文700余篇，作品共60卷，分为赋、诗、骚、七、诏、册、令、教、文、表、上书、启、弹事、笺（jiān）、奏记、书、檄（xí）、对问、设论、辞、序、颂、赞、符命、史论、史述赞、论、连珠、箴（zhēn）、铭、诔（lěi）、哀、碑文、墓志、行状、吊文、祭文等类别。《昭明文选》对古今文体做了全面的阐述、辨析和整理，所收作品以"事出于沉思，义归乎翰藻（hànzǎo）"为原则，没有收入经、史、子书。由于《昭明文选》选材严谨、注重辞藻，所选的大多是典雅之作。在过去文人的眼中，一向被视为文学的教科书，是士子们必读的一部书。《昭明文选》的诞生是文学发展的必然，它使我国自先秦以来文史不分的现象有了明确的分界。萧统死后谥"昭明"，所以他主编的这部文选称作《昭明文选》。

·核心思想·

只有符合"事出于沉思,义归乎翰藻"的标准的文章才能入选;只有强调"文以载道",在文章中蕴含自己的思想,并且善用典故成辞,善用形容比喻、辞采精巧华丽的文章,才合乎标准;通过文选领略其辞藻之富、文章之美,从中受到中华传统文化的熏陶,拓展中华文化智慧,增强民族自信心,铸牢中华文化共同体意识。

·价值影响·

《昭明文选》继往开来,对古今文体做了全面的阐述、辨析和整理,是我国第一部按体区分、规模宏大的文学总集。从时间上看,《昭明文选》收录了自先秦至齐梁几百年间的700余篇作品;从分类上看,对赋、诗、骚等37类文体进行了编排,而经、史、子等思想学术类文章都没有被收入。编者已初步意识到文学与其他类型文章在艺术形式上的区别,此次编选首次为"文学"与"非文学"之间划定了界限和范畴,对文学走上独立发展的道路起到了开创性作用,也是文学发展到一定阶段的必然结果,同时使我国自先秦来的文史有了明确的分界。《昭明文选》所选的大多是典雅之作,在过去文人眼中,一向被视为文学的教科书,是士子们必读的一部书,甚至有"《文选》烂,秀才半"的谚语,后世形成专门研究《昭明文选》的"选学"。

《乐府诗集》

·历史地位·

一部收罗乐府歌词最完备的总集。

·作者简介·

郭茂倩(1041~1099),字德粲,郓(yùn)州须城(今山东省东平县)人。莱州通判郭劝之孙,太常博士郭源明之子。出身太原郭氏。自幼受诗礼熏陶,熟知音律,善篆隶,才气非凡,对诗歌兴趣极浓厚,以编纂《乐府诗集》百卷扬名后世,以解题考据精博,为学术界所重视。

·内容简介·

乐府原意是掌管音乐的官署。汉魏、两晋的中央政府常常设有音乐机关,制定乐谱,采写歌词,训练乐工。后来凡由乐府机关采写、配乐并演唱的歌词就称乐府诗,也叫乐府。《乐府诗集》收录上自陶唐氏、尧舜时期歌谣,下至五代,主要辑录汉魏到唐五代的乐府歌词兼及先秦至唐末的歌谣，共5290首，分十二大类，共100卷。根据音乐性质的不同，所集作品分为郊庙歌辞、燕射歌辞、鼓吹曲辞、横吹曲辞、相和歌辞、清商曲辞、舞曲歌辞、琴曲歌辞、杂曲歌辞、近代曲辞、杂歌谣辞、新乐府词等十二大类。每一类有总序，每一曲有题解，对乐曲的起源、性质、演唱配器等均有详尽说明，着意体现乐府诗的流变轨迹。其艺术特色主要是：汉乐府叙事诗比较成熟，具有鲜明的有名有姓的人物形象和连贯的故事情节；形式新颖，五言居多，大大促进了文人的诗歌创作；多用口语，不加雕琢，语言朴素自然。南朝乐府语言清新自然，基调婉约缠绵，多用五言四句，想象丰富，情调秾艳，多采用不双关手法。北朝乐府的题材和南朝乐府相比要广泛得多，涉及社会生活的许多方面；风格刚健，充满了战争的气氛和尚武的精神；音调高亢；感情质朴明快，直来直去。

·核心思想·

继承了《诗经》的现实主义传统，描写了人民的苦难和统治阶级骄奢荒淫的生活，揭露了封建社会的种种矛盾，表现了人民的爱情和婚姻生活。

· 价值影响 ·

《乐府诗集》是继《诗经》之后总括中国古代乐府歌辞的诗歌总集，是现存收集乐府歌辞最完备的一部。其以解题征引浩博、援据精审而为学术界所重视，对文学史和音乐史的研究均有重要参考价值。在现存的诗歌总集中，《乐府诗集》是成书较早、收集历代各种乐府诗最为完备的一部重要总籍，其重要贡献是把历代歌曲按其曲调收集分类，使许多作品得以汇编成书。这对乐府诗歌的整理和研究提供了极大的方便。书中《木兰诗》与《孔雀东南飞》，被后人合称"乐府双璧"。明代毛晋说："太原郭茂倩集乐府诗一百卷，采陶唐迄李唐歌谣辞曲，略无遗轶，可谓抗行周雅、长揖楚词，当与《三百篇》并垂不朽。"《四库全书总目》指出："其《解题》征引浩博，援据精审，宋以来考'乐府'者，无能出其范围。"

《全唐诗》

· 历史地位 ·

中国近百年来最重要的古籍整理成果之一，填补了我国几百年来唐诗研究中的一个巨大空白。

· **作者简介** ·

彭定求（1645～1719），康熙十五年（1676）状元。字勤止，今苏州市吴县人。康熙中会试廷对皆第一。幼承家学，曾皈依清初苏州著名道士施道渊为弟子，又尝师事汤斌。其为学"以不欺为本，以践行为要"。生平服教最切者，尤仰慕王守仁等七贤。

· **内容简介** ·

《全唐诗》48 900余首，2200余人，共计900卷，目录12卷。全书架构在明代胡震亨《唐音统签》和清代季振宜《全唐诗》的基础上，旁采残碑、断碣（jié）、稗史、杂书，拾遗补阙，巨细靡（mǐ）遗。全书以帝王、后妃作品列首，乐章、乐府次之，又以年代为限，列出唐代诗人，附以作者小传。接着是联句、逸句、名媛、僧、道士、仙、神、鬼、怪、梦、谐谑、判、歌、谶（chèn）记、语、谚谜、谣、酒令、占辞、蒙求，最后为补遗、词缀。《全唐诗》将有唐一代诗歌汇为一帙，为研究者提供了莫大的方便，但以10人之力1年多时间编成，存在问题也很多。其特色主要是：数量众多，作者广泛，题材多样，体制齐备，艺术成就辉煌，创造了很多完美的艺术手法，而且形成了众多的风格流派。

·核心思想·

反映当时社会的阶级状况和阶级矛盾，揭露了封建社会的黑暗；歌颂正义战争，抒发爱国思想；描绘祖国河山的秀丽多娇，表达爱国情感；抒写个人抱负、遭遇和人生悲欢；表达爱情、友情和亲情；等等。

·价值影响·

《全唐诗》较为全面地收录了唐代的诗歌，具有较高的文学价值和史料价值；唐诗中蕴含的认识价值、情感价值和思想价值，充溢着生命的力量，值得读者和研究者去思考。

《全宋词》

·历史地位·

中国百年来最重要的古籍整理成果之一，填补了我国几百年来宋词研究中的一个巨大空白。

·作者简介·

唐圭璋（1901~1990），字季特，汉族人，生于南京。终其一生，专治词学。中国当代词学大师、著名的中国文史学家、教育家、词人。

·内容简介·

《全宋词》在综合前人有关宋人词集辑刻的基础上，广泛搜采，凡宋人文集中所附、宋人词选中所选、宋人笔记中所载词作，俱一并采录，更旁求类书、方志、金石、题跋（tíbá）、花木谱等诸书中所载之词，统汇于一处；虽断句零章，亦加摭（zhí）拾。《全宋词》按词人年代先后排列，收录较完备，考订也较精审，共辑两宋词人1330余家，词作19 900余首，引用书目达530余种，为研究宋词重要参考书。宋词是继唐诗之后的又一种文学体裁，是中国古代文学皇冠上光辉夺目的一颗巨钻，在古代文学的阆苑里，她是一块芬芳绚丽的园圃，与唐诗争奇，与元曲斗妍。随着词在宋代的文学中占据越来越重要的地位，词的内涵也在不断地充实和提高。

·核心思想·

以全新的面貌，为宋词研究者和爱好者提供了较为完备的资料和使用方便的工具。

· **价值影响** ·

《全宋词》是中国百年来最重要的古籍整理成果之一，与清代所编《全唐诗》都是家喻户晓，堪称中国文学的双璧。《全宋词》是学习宋词的重要工具，也是了解宋代文学史、文化史的重要典籍，填补了我国几百年来宋词研究中的一个巨大空白。

3 | 别集

《曹子建集》

· 历史地位 ·

三国时期魏国曹植的诗文辞赋总集。

· 作者简介 ·

曹植（192～232），三国时期魏国诗人，字子建，沛国谯县（qiáo）（今安徽省亳州市）人，曹操第三子，曹丕同母弟，曾封陈王，死后谥"思"，世称"陈思"或"陈思王"。自幼聪慧，深得曹操宠爱，曾欲立为太子，后失宠。曹植志向高远，希望在政治上有所作为。思想驳杂，杂糅儒道、阴阳，法家也有涉猎。勤于著述，诗、赋、各体散文，不论数量质量，都冠绝当时。其代表作有《七哀诗》《白马篇》《赠白马王彪》《门有万里客》《洛神赋》等。

· 内容简介 ·

《曹子建集》共10卷，收录诗歌80余首、赋40

余篇、散文近百篇。其诗以五言为主，形成了"骨气奇高，辞采华茂"的独特诗风，一半以上为乐府诗体，并以曹丕即位分为前、后两期：前期主要表现他作为公子的游宴生活和时代感受，反映乱离社会风貌，抒发建功立业的雄心；后期主要抒写遭受猜忌与迫害的痛苦和哀怨，表现不甘弃置、希望用世立功的愿望，还有一些游仙诗，多借以发泄现实生活的苦闷，寄寓对自由生活的向往。赋分为纪事、述志、咏物类，取材广泛，形制短小，感情强烈。散文包括颂赞、铭诔（lěi）、碑文、哀辞、章表、令、书、序、论、杂说等多种体裁，语言华美流畅，具有"情兼雅怨，体被文质"的特色。

· 核心思想 ·

主要表现他作为公子的游宴生活和时代感受，反映乱离社会风貌，抒发建功立业的雄心，抒写遭受猜忌与迫害的痛苦和哀怨，表现不甘弃置、希望用世立功的愿望，发泄对现实生活的苦闷，寄寓对自由生活的向往。

· 价值影响 ·

《曹子建集》中的作品尤以诗歌的成就最为突出，

并且形成了"骨气奇高,辞采华茂"(钟嵘《诗品》)的独特诗风,善用比兴手法,语言精练,全面代表了建安时代诗歌创作的成就,对后世文学尤其是五言诗的发展影响甚大。曹植被视为五言诗的一代宗匠。其代表作《洛神赋》写洛川女神的仙姿美态,是文苑奇葩。谢灵运曾说:"天下文章只一石,子建独得八斗。"

《陶渊明集》

· 历史地位 ·

中国田园诗的开派者陶渊明的作品总集。

· 作者简介 ·

陶渊明(约365～427),字元亮,号五柳先生,谥号靖节先生,入刘宋后改名潜。东晋末期南朝宋初期诗人、文学家、辞赋家、散文家。东晋浔阳柴桑(今江西省九江市西南)人。曾做过几年小官,后辞官回家,从此隐居,田园生活是陶渊明诗的主要题材。其代表作有《饮酒》《归园田居》《桃花源记》《五柳先生传》《归去来兮辞》《桃花源诗》等。

· 内容简介 ·

《陶渊明集》是南朝梁昭明太子萧统搜集陶渊明遗世作品，编为《陶渊明集》7卷，录1卷。陶渊明的作品继承了汉、魏、正始之传统，并形成了独特的风格，内容充实，情感真挚，风格冲淡，韵致悠然，极善用写意的手法点染出浑朴深远的意境。诗歌题材包括哲理、赠别、家训、田园风光和田园生活、政治理想、历史。其艺术特色主要是：艺术风格平淡自然，思想内容贴近生活，富于真情实感，语言平易，不假雕饰，且意境鲜明，耐人寻味；注意对意象的整体把握，注意构图的和谐统一，因而能创造出一种似浅而实深的意境，给读者再创造的余地；平淡中自有深厚，朴实中自有华采，常带着一种理趣，这与他喜欢对宇宙、社会、人生作哲学思考有关，也与魏晋玄学及玄言诗的发展影响有关；善于捕捉那些能表现自我、表现个性的景物来增强诗的内涵，经常带有某种象征意义；有五言与四言两种主属体式，以五言诗的成就为高。

· 核心思想 ·

陶渊明把田园自然风光看成一种人生的安身立命之所，看成一种与黑暗现实、混浊官场完全对立的另一理想境界，竭力把自己的社会政治理想、人生人格理想对象化，使田园与自我精神融汇为一；强调劳动对人生、对自己坚持隐居的重大意义；坚持退隐独善的理想；表现一种孤独、悲愤的心境。

· 价值影响 ·

陶渊明具有不为五斗米折腰、宁愿穷困也不肯屈事权贵的精神，其真率性格成为后世士大夫效法的榜样，表现在文学作品中往往就是一种豪放超迈的风格。桃花源社会政治理想具有否定黑暗现实的意义，对后世影响深远。他第一次大量地发掘田园生活素材，并在艺术上卓有成效。从南朝鲍照、江淹开始，历代"拟陶""和陶"相沿成风。许多著名诗人都以陶渊明创造的艺术境界为追求的目标之一。陶渊明是田园诗的开派者，唐代的王维、孟浩然及韦应物、柳宗元都是田园山水诗的优秀继作者，世称山水田园诗派。宋以后山水田园一直是历久不衰的诗歌题材。

《韩昌黎集》

· 历史地位 ·

唐宋八大家之首韩愈的诗文作品总集。

·作者简介·

韩愈（768～824），字退之，河南河阳（今河南省孟州市）人，一说怀州修武（今河南省修武县）人，自称"郡望昌黎"，世称韩昌黎、昌黎先生。唐代中期官员，文学家、思想家、哲学家、政治家、教育家。贞元八年（792），韩愈登进士第，两任节度推官，累官监察御史。后因论事而被贬阳山。后又因谏迎佛骨一事被贬至潮州。晚年官至吏部侍郎，人称"韩吏部"。长庆四年（824），韩愈病逝，年57，追赠礼部尚书，谥号"文"，故称"韩文公"。后人将其与柳宗元、欧阳修和苏轼合称"千古文章四大家"。唐代古文运动的倡导者，宋代苏轼称他"文起八代之衰"，明人推他为唐宋八大家之首，与柳宗元并称"韩柳"，有"文章巨公"和"百代文宗"之名。其代表作有《师说》《马说》《进学解》《左迁至蓝关示侄孙湘》《题榴花》《春雪》《晚春》《早春呈水部张十八员外》等。

·内容简介·

《韩昌黎集》前10卷是诗，后30卷是文，所收散文居多，还包括论、说、传、记、颂、序、祭文、碑志、状、表、杂文等各种文体。韩愈是古文运动的倡导者，主张学习先秦两汉的散文语言，破骈为散，扩大文言文的表达功能；善于使用前人词语，又注重当代口语的提炼，得以创造出许多新的语句，其中有不少已成为成语流传至今，如"落井下石""动辄得咎""杂乱无章"等。思想上，他是中国"道统"观念的确立者，是尊儒反佛的里程碑式人物。《韩昌黎集》的艺术特色主要是：风格雄奇奔放，格调雄厚；论辩气势磅礴，针砭时弊，言辞锋利；诗歌独辟境界，雄伟怪奇，不袭蹈前人，想象丰富而奇崛瑰雄。

·核心思想·

大力提倡儒学，以继承儒学道统自居，开宋明理学家之先声；提出"文道合一""气盛言宜""务去陈言""文从字顺"等理论；诗文"发言真率，无所畏避"，敢于讲话，敢讲真话，不顾儒家的传统观念，敢讲违背旧说的话，敢于突破社会上的流俗之见，慷慨激昂，忧愤甚广；在儒学式微，释、道盛行之际，力辟佛、老，致力于复兴儒学。

·价值影响·

韩愈是古文运动的倡导者，主张继承先秦两汉散文传统，反对专讲声律对仗而忽视内容的骈体文，开辟了唐以来古文的发展道路；以文为诗，把新的古文语言、章法、技巧引入诗坛，增强了诗的表达功能，扩大了诗的领域，纠正了大历以来的平庸诗风。叶燮说:"韩愈为唐诗之一大变。"陶宗仪说:"通六经百家学,作文章与孟轲、扬雄相表里。"曾国藩说:"韩公如神龙万变,无所不可。"潘向黎说:"作为作家,他敢为风气之先,为文为诗气势磅礴;作为一个生命个体的人,他刚直敢任,人格伟岸,诚为伟丈夫。"

《柳河东集》

·历史地位·

唐宋八大家之一、唐代文学家、哲学家柳宗元的诗文集。

·作者简介·

柳宗元(773~819),字子厚,汉族,祖籍河东郡(今山西省运城市永济、芮城一带)人,世称柳河东、河东先生。因官终柳州刺史,又称柳柳州、柳愚溪。唐代文学家、哲学家、散文家和思想家。柳宗元与韩愈共同倡导唐代古文运动,并称为"韩柳",与刘禹锡并称"刘柳",与王维、孟浩然、韦应物并称"王孟韦柳"。柳宗元一生留诗文作品达600余篇,其文的成就大于诗。骈文有近百篇,散文论说性强,笔锋犀利,讽刺辛辣。游记写景状物，多所寄托。其代表作有《溪居》《江雪》《渔翁》《小石潭记》《石渠记》《石涧记》《小石城山记》等。

·内容简介·

《柳河东集》共存诗文作品600余篇，其中诗140余首，余为各体文。分类编次，包括雅诗歌曲1卷、赋1卷、文39卷、诗2卷、《非国语》2卷，外集收文21篇。卷首有刘禹锡所作序1篇，凡例1篇。其诗歌存量虽少，却多有传世之作，题材广泛，体裁多样，叙事诗文笔质朴，描写生动，寓言诗形象鲜明，寓意深刻，抒情诗更善于用清新峻爽的文笔，委婉深曲地抒写自己的心情；其辞赋继承和发扬了屈原辞赋的传统，利用了传统的形式，继承了屈原的精神；其散文提出了一系列思想理论和文学主张，富于革除时弊的批判精神，提出要革新文体，突破骈文束缚，句式长短不拘，并要求革新语言"务去陈言""辞必己出"；其游记、寓言等为后世留下了优秀的作品，"永州八记"已成为我国古代山水游记名作，生动表达了人对自然美的感受，丰富了古典散文反映生活的新领域，从而确立了山水记作为独立的文学体裁在文学史上的地位。

·**核心思想**·

批判神学,强调人事,用"人"来代替"神";重视文的内容,强调道与文的主次关系;重视艺术形式的作用,主张文采;提倡严肃认真的写作态度;推崇先秦两汉之文,但又认为不能"荣古虐今";明确提出"文者以明道""辅时及物"的主张和以儒家经典为"取道之源"的原则。

·**价值影响**·

柳宗元擅长诗歌和散文创作,在中国文学史上声名卓著,其文集具有较强的审美价值和示范作用。其散文创作丰富多样,最富有创造性的两类是寓言讽刺文和山水游记。他把《庄子》以来仅作设譬之用的片段寓言,发展为完整的、更富于文学意味的独立短篇,而且直接用来讽刺现实生活中的丑恶现象。其山水游记在中国文学史上具有独特的地位,在高洁、幽邃、澄鲜和凄清的自然美的细致刻画中,渗透着作者自己痛苦的人生感受和抑郁的情怀。其传记文继承《史记》《汉书》的传统而又有所创新,且为一批下层人物立传,大多为真人真事的实录,有些篇目则在真人真事的基础上加以夸张和虚构,具有了小说的意味。柳宗元是唐代著名的哲学家,继承了王充元气自然论的传统，具有朴素唯物论的成分，体现了其政治思想中进步的社会历史观。苏轼说："所贵乎枯淡者，谓其外枯而中膏，似淡而实美，渊明、子厚之流是也。"严羽说："唐人惟子厚深得骚学。"

《欧阳文忠公集》

·历史地位·

唐宋八大家之一，北宋政治家、文坛领袖欧阳修的作品集。

·作者简介·

欧阳修（1007～1072），北宋时期政治家、文学家、史学家和诗人。字永叔，号醉翁、六一居士，吉州永丰（今属江西省）人，自称庐陵人，天圣进士。政治和文学方面都主张革新，既是范仲淹庆历新政的支持者，也是北宋诗文革新运动的领导者。苏轼父子及曾巩、王安石皆出其门下。创作实绩亦灿然可观，诗、词、散文均为一时之冠。欧阳修是北宋的文坛领袖，唐宋八大家之一，与韩愈、柳宗元、苏轼合称"千古文章四大家"。其代表作有《醉翁亭记》《鸣蝉赋》《秋声赋》《与高司谏书》《朋党论》《卖油翁》《五代史伶官传序》等。

·内容简介·

《欧阳文忠公集》共153卷，附录5卷。其中《居士集》《易童子集》《外制集》《内制集》《表奏书启四六集》《奏议集》等140卷，《归田录》《诗话》《长短句》等19卷，《集中录跋尾》10卷，书简10卷。前附年谱，后附行状、墓志、传文等5卷。书中《居士集》为作者晚年自己编订，其余都是南宋周必大编订的。在文章革新方面，写作古文以韩愈、柳宗元为学习典范，不盲目崇古，散文内容充实，形式多样，作品体裁多样，各得其宜，语言简洁流畅，文气纡（yū）徐委婉。在词作革新方面，扩大了词的抒情功能，改变了词的审美趣味，朝着通俗化的方向开拓。在诗风革新方面，以扭转西昆体脱离现实的不良倾向为指导思想，体现了宋代诗人对矫正晚唐五代诗风的最初自觉。

·核心思想·

认为儒家之道是与现实生活密切相关的，主张文道并重，认为文具有独立的性质；扩大了词的抒情功能，用词抒发自我的人生感受，改变了词的审美趣味，朝着通俗化的方向开拓；重视韩愈诗歌的特点，并提出了"诗穷而后工"的诗歌理论。

·**价值影响**·

欧阳修大力倡导诗文革新运动，改革了唐末到宋初的形式主义文风和诗风，为北宋的诗文革新建立了正确的指导思想，为宋代古文的发展开辟了广阔的前景。他创造了一种平易自然的新风格，是古文的实际功用和艺术价值有机结合的典范，结束了骈文从南北朝以来长达600年的统治地位，为以后元明清900年间提供了一种便于论事说理、抒情述志的新型古文。他在政治上的地位和散文创作上的巨大成就，使他在宋代的地位有似于唐代的韩愈。他荐拔和指导了很多散文家，并对他们的创作产生很大影响，其平易文风，影响深远。欧阳修淡视名利，无欲则刚，求变图新，学术上对当时僵化风尚和陈旧价值观进行抵制和反拨，时至今日仍有着重要意义。苏轼说："论大道似韩愈，论事似陆贽，记事似司马迁，诗赋似李白。"石韫玉说："论道议事，追韩继陆。归田集古，学问淹博。"

《苏东坡全集》

·历史地位·

唐宋八大家之一、北宋中期文坛领袖苏轼的诗文总集。

·作者简介·

苏轼(1037～1101),字子瞻,一字和仲,号铁冠道人、东坡居士,世称苏东坡,北宋文学家、书法家、美食家、画家、历史治水名人。嘉祐二年(1057),苏轼参加殿试中乙科,赐进士及第,一说赐进士出身。元丰三年(1080),因"乌台诗案"被贬为黄州团练副使。晚年因新党执政被贬惠州、儋(dān)州。宋徽宗时获大赦北还,途中于常州病逝。苏轼是北宋中期文坛领袖,在诗、词、文、书、画等方面取得很高成就。诗题材广阔,清新豪健,与黄庭坚并称"苏黄";词开豪放一派,与辛弃疾同是豪放派代表,并称"苏辛";散文著述宏富,纵横恣肆,豪放自如,与欧阳修并称"欧苏",为"唐宋八大家"之一;善书法,为"宋四家"之一;擅长文人画,尤擅墨竹、怪石、枯木等。其代表作有《水调歌头》《念奴娇·赤壁怀古》《定风波》《江城子·密州出猎》《饮湖上初晴后雨》《和子由渑池怀旧》《惠崇春江晚景》《前赤壁赋》

《后赤壁赋》等。

·内容简介·

　　苏轼是北宋中期文坛领袖,在诗、词、文、书、画等方面取得很高成就。诗歌方面,他善于从人生遭遇中总结经验,也善于从客观事物中见出规律;自然现象已上升为哲理,人生的感受也已转化为理性的反思;深刻的人生思考,使苏轼对沉浮荣辱持有冷静、旷达的态度,这在苏诗中有充分的体现;逆境中的诗篇含有痛苦、愤懑、消沉的一面,但更多的诗表现了对苦难的傲视和对痛苦的超越。词作方面,继柳永之后,对词体进行了全面的改革,最终突破了词为"艳科"的传统格局,提高了词的文学地位,使词从音乐的附属品转变为一种独立的抒情诗体,从根本上改变了词史的发展方向;为了使词的美学品位真正能与诗并驾齐驱,提出了词须"自是一家"的创作主张;扩大词的表现功能,开拓词境,将传统的表现女性化的柔情之词扩展为表现男性化的豪情之词,将传统上只表现爱情之词扩展为表现性情之词;既向内心的世界开拓,也朝外在的世界拓展;变革词风,"以诗为词",将诗的表现手法移植到词中。文章方面,苏轼主张文、道并重,认为文章的艺术具有独立的价值,"道"不限于儒家之道，而是泛指事物的规律；提倡艺术风格的多样化和生动性，反对千篇一律的统一文风。正是在这种独特的文学思想指导下，苏轼的散文呈现出多姿多彩的艺术风貌，单从文学的角度来看，苏文是宋文中成就最高的。

· 核心思想 ·

强调作者要有深厚积累，文章应有充实的内容；文章要"有为而作"，联系现实；根据内容要求，自由表达，摆脱形式限制，使之恰到好处；认为"辞达"是文学创作的最高要求，强调"神似"，反对"形似"；极力推崇柳宗元"发纤秾于简古，寄至味于淡泊"的风格；坚持外在的质朴平淡与内在的含蓄浓郁相结合。

· 价值影响 ·

苏轼是唐宋八大家之一，宋代诗风的重要奠基人，是豪放词派的开创者，极大地推动了古代散文的发展与成熟，且书法自成一派。苏轼的诗、词、文都达到了极高的造诣，堪称宋代文学最高成就的代表。苏轼体现着宋代的文化精神，从文学史的范围来说，其人生态度成为后代文人景仰的范式——进退自如，宠辱不惊；其审美态度为后人提供了富有启迪意义的审美范式，凡物皆有可观，为后人开辟了新的世界。苏轼继承了欧阳修的精神，十分重视发现和培养文学人才，其中成就较大的有"苏门四学士"，加上陈师道和李廌，又合称"苏门六君子"。此外，李格非、李之仪、唐庚、张舜民、孔平仲、贺铸等人，也都直接或间接地受到苏轼影响。由于苏轼的成就包括各种文学样式，他本人的创作又没有固定不变的规范可循，所以苏门的作家在创作上各具面目。苏轼的作品在当时就驰名遐迩，在辽国、西夏等地都广受欢迎。北宋末年，朝廷一度禁止苏轼作品的流传，但是禁愈严而传愈广。到了南宋，苏轼的集子又以多种版本广为流传，以后历代翻刻不绝。在后代文人的心目中，苏轼是一位天才的文学巨匠，人们争相从苏轼的作品中汲取营养。苏诗不但影响宋一代的诗歌，而且对明代的公安派诗人和清初的宋诗派诗人有重要的启迪。苏轼的词体解放精神直接为南宋辛派词人所继承，形成了与婉约词平分秋色的豪放词派，其影响一直波及清代陈维崧等人。苏轼的散文，尤其是他的小品文，是明代标举独抒性灵的公安派散文的艺术渊源，直到清代袁枚、郑燮的散文中仍可时见苏文的影响。陆游说："公不以一身祸福，易其忧国之心，千载之下，生气凛然。"王国维说："以宋词比唐诗，则东坡似太白，欧、秦似摩诘，耆卿似乐天，方回、叔原则大历十子之流。"刘熙载说："东坡词颇似老杜诗，以其无意不可入，无事不可言也。若其豪放之致，则时与太白为近。"

《剑南诗稿》

·历史地位·

南宋文学家、史学家、爱国诗人陆游的作品集。

·作者简介·

陆游（1125～1210），字务观，号放翁，汉族，越州山阴（今浙江省绍兴市）人，尚书右丞陆佃之孙，南宋文学家、史学家、爱国诗人。陆游生逢北宋灭亡之际，少年时即深受家庭爱国思想的熏陶。宋孝宗即位后，赐进士出身。乾道七年（1171），投身军旅，任职于南郑幕府。宋光宗继位后，因"嘲咏风月"罢官归居故里。嘉泰二年（1202），宋宁宗诏陆游入京，主持编修两朝实录、三朝史。陆游晚年蛰居山阴，嘉定三年（1210）与世长辞。陆游一生笔耕不辍，诗词文具有很高成就。其代表作为《游山西村》《示儿》《临安春雨初霁》《十一月四日风雨大作》《卜算子·咏梅》等。

·内容简介·

《剑南诗稿》共85卷,收录诗词9344首,作者生当金兵入侵之时,中年到过南郑前线,所以抗金与收复失地是诗集中的主旋律。为纪念在川、陕的军旅生活,作者把该诗集命名为《剑南诗稿》。陆游一生创作了大量诗歌,题材主要有坚持抗金、讨伐投降派,抒发慷慨激昂的报国热情和壮志未酬的悲愤,描写田园风光、日常生活以及爱情。其艺术特色表现在:风格雄浑豪放,兼具李白的雄奇奔放与杜甫的沉郁悲凉,兼具现实主义特点和浪漫主义作风,语言平易晓畅,章法整饬谨严,其爱国主义精神对后代影响深远。

·核心思想·

从主题思想来说,陆游的诗歌具有一腔热血却难酬爱国情怀,屡遭挫折却持守高洁品格,深情挚爱、见其侠骨柔肠等特色;从风格转变来说,开始偏于文字形式,罢官东归后,追求宏肆奔放的风格,充满战斗气息及爱国激情,晚年诗风趋向质朴而沉实,流露着苍凉的人生感慨。

·价值影响·

陆游在南宋诗坛上占有非常重要的地位。南宋初年,虽然局势危急,但士气尚盛,诗坛风气也颇为振作;随着南宋偏安局面的形成,士大夫渐趋消极,诗坛风气也变得萎靡不振,吟风弄月的题材走向和琐细卑弱的风格日益明显。陆游对这种情形痛心疾首。他高举起前代屈、贾、李、杜和本朝欧、苏、黄及南渡诸人的旗帜与之对抗,以高扬爱国主题的黄钟大吕振作诗风,对南宋后期诗歌产生了积极的影响。江湖诗派中的戴复古和刘克庄都师承陆游。到了宋末,国破家亡的时代背景更使陆游的爱国精神深入人心。陆游的诗歌对后代的影响也是深远的。特别是清末以来,每当国势倾危时,人们往往怀念陆游的爱国主义精神。陆诗的爱国情怀也因此成为鼓舞人民反抗外来侵略者的精神力量。陆游写山水景物和书斋生活的诗篇,因描写细腻生动、语言清新优美,也颇受明、清诗人的喜爱。陆诗中对仗工丽的联句常被用作书斋或亭台的楹联,也说明陆游的这一类诗篇在后代拥有广大的读者。杨慎说:"(陆游词)纤丽处似淮海,雄慨处似东坡。"朱熹说:"放翁老笔尤健,在今当推为第一流。"杨万里:"君诗如精金,入手知价重。"梁启超说:"诗界千年靡靡风,兵魂销尽国魂空。集中什九从军乐,亘古男儿一放翁!"

《王阳明全集》

· 历史地位 ·

明代著名哲学家、思想家王守仁的作品集。

· 作者简介 ·

王守仁（1472~1529），本名王云，字伯安，号阳明，又号乐山居士，浙江余姚人，汉族。明朝杰出的思想家、文学家、军事家、教育家。王守仁是南京吏部尚书王华之子，明孝宗弘治十二年（1499）进士，仕于孝宗、武宗、世宗三朝，历任两广总督等职，接连平定南赣、两广盗乱及宸濠之乱，因功获封新建伯，成为明代因军功封爵的三位文臣之一。晚年官拜南京兵部尚书、左都御史。明穆宗时追赠新建侯爵，谥号"文成"。万历十二年（1584）从祀于孔庙。王守仁之学以"心"为宗，以"心"为宇宙本体，提出"心即理"的命题，断言"心外无物，心外无事，心外无理"，倡言"知行合一""致良知"。其著作由门人辑成《王阳明全集》，其中在哲学上最重要的是《传习录》《大学问》。

· 内容简介 ·

《王阳明全集》共38卷，收入《传习录》3卷（后附《朱子晚年定论》),《文录》5卷,《别录》10卷,《外集》7卷,《续编》6卷,最后7卷为《年谱》与《世德纪》。王阳明强调"心即是理"的思想,提出"致良知",从自己内心中去寻找"理"。王阳明为明代哲学家,上承孔孟,中继陆九渊,形成与程朱理学分庭抗礼的阳明心学,对我国明、清时期以至近现代的儒学有较大影响,并波及日本、朝鲜等国,成为东方文化的一个组成部分。《王阳明全集》是研究王阳明心学思想及王阳明一生最重要的著作,是儒家思想中最具个性、最具争议的代表作,同时也是一部现代人成功修身、强大个人内心的励志作品,是打开幽暗的心理世界大门的钥匙,是洞穿纷繁复杂的社会现象的一双冷眼。

· 核心思想 ·

反对把孔、孟的儒家思想看成一成不变的戒律,反对盲目地服从封建的伦理道德,强调个人的能动性。他提出的"致良知"的哲学命题和"知行合一"的方法论,具有要求冲破封建思想禁锢、呼吁思想和个性解放的意义。

· 价值影响 ·

阳明学是明朝中晚期的主流学说之一,后传于日本，对日本及东亚都有较大影响。阳明心学是中国思想文化史上的重要学说之一。阳明心学不是唯心之学，也不仅仅是心理之学，而是中国古代思想家既强调道法自然，又主张天人合一，更重视人的主观能动性等一系列哲学思想之集大成，通过心即理、知行合一、致良知等核心概念实现了理论与实践的统一、主体与客体的统一和内圣与外王的统一。站在今天新的历史方位上，传承、发扬阳明心学，有着重大的理论价值和现实意义。王阳明广收门徒，宣传他的思想主张，史称"阳明学派"。《王阳明全集》被学术界评价为中国封建社会后期出现得最早的启蒙哲学，其学术思想影响深远，严复、梁启超、孙中山、蒋介石等都是"阳明心学"的追随者。孙中山说："日本的旧文明皆由中国传入，五十年前维新诸豪杰，沉醉于中国哲学大家王阳明的'知行合一'说。"蔡元培说："明之中叶，王阳明出，中兴陆学，而思想界之气象又一新焉。"余秋雨说："中国历史上能文能武的人很多，但在两方面都臻于极致的却寥若晨星……好像一切都要等到王阳明的出现，才能让奇迹真正产生。"

《日知录》

·历史地位·

明末清初著名学者、大思想家顾炎武的代表作。

·作者简介·

顾炎武（1613～1682），初名绛，字宁人，曾自署蒋山佣，学者称亭林先生。明清之际思想家、学者，江苏昆山人。少年时参加"复社"反权贵斗争。学问广博，开清代朴学风气。哲学上，赞成张载关于太虚、气、万物三者统一的学说，反对空谈"心、理、性、命"，提倡"经世致用"。政治上，提出"以天下之权寄天下之人"，要求君主分权而治。其代表作有《日知录》《音学五书》《韵补正》《诗本音》《金石文字记》《顾亭林诗文集》等。

·内容简介·

《日知录》囊括了顾炎武的学术、政治思想，内容宏大，贯通古今，对后世影响巨大。32卷本《日知录》内容大体可划为经义、史学、官方、吏治、财赋、典礼、舆（yú）地、艺文等8类，有条目1019条（不包括黄侃《日知录校记》增加的2条），长短不拘，最长者《苏淞二府田赋之重》有5000多字，最短者《召杀》仅有9字。其中不少名言警句，传诵千古，如"保天下者，匹夫之贱，与有责焉耳矣""国家兴亡，匹夫有责"，更是激励着一代代中国士庶。《日知录》以"明道""救世"为成书宗旨，涵括了作者一生的学术观点和政治主张，提出"盈天地者，气也"等思想，不少论述，切中时弊。

·核心思想·

突出经世思想，主张明体适用、博学于文及通变创新的学术研究方法和路径。

·价值影响·

顾炎武强调"势"在事物发展过程中的作用，主张进行社会变革，提出"物来而顺应"的变革思想，以淡化至高无上的君权，为建立新型的君臣关系提供历史根据，表现出初步的民主思想。《日知录》体现了顾炎武研究学问的态度和方法，是对明朝空疏学风的反动，对有清一代学风的转变与形成具有重要的作用。梁启超说："论清学开山之祖，舍亭林没有第二人。"后人仍常用顾炎武"采铜于山"的比喻，说明历史研究要重视第一手资料，可见其影响之深远。

4 | 戏曲

《西厢记》

·历史地位·

代表元代戏曲创作的最高水平，中国四大古典戏剧名著（《西厢记》《牡丹亭》《桃花扇》《长生殿》）之冠。

·作者简介·

王实甫（1260～1336），名德信，大都（今北京市）人。元代著名杂剧作家，与关汉卿、白朴、马致远齐名，其作品全面地继承了唐诗宋词精美的语言艺术，又吸收了元代民间生动活泼的口头语言，创造了文采璀璨（cuǐcàn）的元曲词汇，成为中国戏曲史上"文采派"的杰出代表。其代表作为《西厢记》《丽春堂》《破窑记》等。

·内容简介·

《西厢记》全名《崔莺莺待月西厢记》，原作为

5本21折，取材唐代传奇《莺莺传》，以金代董解元《西厢记诸宫调》为蓝本，主要叙述了书生张君瑞和相国小姐崔莺莺邂逅二人一见钟情，经红娘的帮助，为争取婚姻自主，敢于冲破封建礼教的禁锢而私下结合的爱情故事，表达了人们对封建婚姻制度的不满和对美好爱情的追求。其艺术特色主要是：文辞华丽，故事曲折，情节跌宕起伏，文笔细腻，人物传神，堪称绝世经典，并有"花间美人"的雅称；通过错综复杂的戏剧冲突，来完成莺莺、张珙、红娘等艺术形象的塑造，使人物的性格特征生动鲜明，加强了作品的戏剧性；曲词华艳优美，富于诗的意境，每支曲子都是一首抒情诗。

·核心思想·

"有情人终成眷属"，赞颂了以爱情为基础的结合，否定了封建社会传统的联姻方式，从根本上改变了《莺莺传》的主题思想和莺莺的悲剧结局，把男女主人公塑造成在爱情上坚贞不渝，敢于冲破封建礼教的束缚，并经过不懈的努力，终于得到美满结果的一对青年，使剧本反封建倾向更鲜明。

· **价值影响** ·

《西厢记》被明代的李日华改编成南曲《西厢记》，清代以后昆曲、京剧等各种地方戏都在演出，而且对汤显祖的《牡丹亭》和曹雪芹的《红楼梦》创作产生了深远影响。历代文人对《西厢记》尤为青睐，现传明、清刻本不下百种，为古典剧作之冠。有多国译本，影响所及，遍布全球。《西厢记》故事之曲折、情节之跌宕、文辞之华丽、文笔之细腻、人物之传神，堪称绝世经典，因其在艺术上的近乎完美，被人选为四大古典戏剧名著之冠，有"西厢记天下夺魁""古戏扛鼎之作"和"北曲压卷之作"的说法。曹雪芹在《红楼梦》中，通过林黛玉的口，称赞它"曲词警人，余香满口"。《西厢记》是我国古典戏剧的现实主义杰作，对后来以爱情为题材的小说、戏剧创作影响很大，《牡丹亭》《红楼梦》都从它那里不同程度地吸取了反封建的民主精神。大胆表达男女情爱，男女的表白与举动在当时都是惊世骇俗的，具有划时代的意义。明初贾仲明称赞《西厢记》为"天下夺魁"之作。学者黄锦祥称道："《西厢记》享誉之广、爨（cuàn）演之盛，实甫始料未及。"

《窦娥冤》

·历史地位·

我国古典悲剧的代表作。

·作者简介·

关汉卿(约1234年以前~约1300),号已斋叟,大都(今北京)人,元代戏剧家,与马致远、郑光祖、白朴并称为"元曲四大家"。据各种文献资料记载,关汉卿编有杂剧60多种,现存18种。其代表作为《窦娥冤》《救风尘》《望江亭》《拜月亭》《鲁斋郎》《单刀会》《调风月》等。所作散曲今存套曲10多套、小令50多首。

·内容简介·

《窦娥冤》,全称《感天动地窦娥冤》,是元代戏曲家关汉卿创作的杂剧,全剧4折。穷书生窦天章为还高利贷将女儿窦娥抵给蔡婆婆做童养媳,不出两年窦娥的夫君早死。张驴儿要蔡婆婆将窦娥许配给他不成,将毒药下在汤中要毒死蔡婆婆,结果误毒死了自己的父亲。张驴儿反而诬告窦娥毒死了其父,昏官桃杌最后判成冤案将窦娥处斩,窦娥临终发下"血溅白练、天降大雪、大旱三年"的誓愿。窦天章科场中第荣任高官,最后为窦娥平反昭雪。其艺术特色主要是:体现出现实主义与浪漫主义风格的融合,用丰富的想象和大胆的夸张,设计超现实的情节,显示出正义的强大力量,寄托了作者鲜明的爱憎,使悲剧气氛更浓烈,人物形象更突出,故事情节更生动,主题思想更深刻,既洋溢着浓郁的生活气息,又充满奇异的浪漫色彩,具有震撼人心的艺术力量。

· 核心思想 ·

展示了下层人民任人宰割、有苦无处诉的悲惨处境,控诉了贪官草菅人命的黑暗现实,反映了广大人民伸张正义、惩治邪恶的愿望,生动刻画出窦娥这个女性形象。

· 价值影响 ·

《窦娥冤》是一部学术界公认的、特征鲜明的悲剧作品,对后世文学、戏剧产生了极大的影响,仅就改编之作来说,明代有《金锁记》。很多地方戏曲编演的《六月雪》《羊肚汤》《斩窦娥》等,都取材于《窦娥冤》。此外,各种说唱艺术也都有以窦娥故事为题材者。该剧在20世纪即被翻译介绍至西欧与日本。王国维说:"其最有悲剧之性质者,则如关汉卿之《窦娥冤》、纪君祥之《赵氏孤儿》。……即列之于世界大悲剧中，亦无愧色也。"李健吾说："窦娥是一个善良女子——具有亚里士多德在《诗学》中对悲剧人物所要求的那种善良性格。……《窦娥冤》的悲剧性，单纯有力，像钉子一样，越敲越深，又像阶梯一样，越升越高。"

《牡丹亭》

·历史地位·

明代传奇戏剧的压卷之作。

·作者简介·

汤显祖（1550～1616），江西临川（今江西省抚州市）人，字义仍，号海若、若士、清远道人，明代戏曲家、文学家。被称为"东方的莎士比亚"。出身书香门第，早有才名，不仅于古文诗词颇精，而且能通天文地理、医药卜筮诸书。万历十一年（1583）中进士。明万历十九年（1591）被贬为徐闻典史，后调任浙江遂昌知县，万历二十六年（1598）愤而弃官归里。后逐渐打消仕进之念，潜心于戏剧及诗词创作。其代表作品有《还魂记》《紫钗记》《南柯记》《邯郸（Hándān）记》，合称"临川四梦"。

· 内容简介 ·

《牡丹亭》原名为《牡丹亭还魂记》，也称《还魂梦》或《牡丹亭梦》，全剧55出，以明代话本小说《杜丽娘慕色还魂》为蓝本，主要描写了官家千金杜丽娘对梦中书生柳梦梅倾心爱恋，竟伤情而死，化为魂魄寻找现实中的爱人，人鬼相恋，最后起死回生，终于与柳梦梅永结同心的故事。其艺术特色主要是：具有鲜明的浪漫主义特色，赋予"情"超越生死的力量。杜丽娘经历了现实、梦幻与幽冥三个境界，作者借用三种境界的艺术对比来表达理想和思想，用梦幻和幽冥反衬出了现实的残酷，让现实中不可能的爱情理想得以实现，体现了作者强烈的理想主义色彩。剧中的曲文表现了作者在艺术语言上的成就，在描绘人物性格、刻画杜丽娘的心理活动和精神世界方面非常细致真实。杜丽娘不是死于爱情被破坏，而是死于对爱情的徒然渴望。这不仅使杜丽娘的形象绽放出思想解放与生命自由的人性主义光辉，也讴歌了生而死，死而生，超越生死的爱情理想。

· 核心思想 ·

作品中流露的女性生命意识，不仅造就了杜丽娘青春意识与情感意识的觉醒，更是在杜丽娘的精神世界引发动荡，促使丽娘走上打破封建礼教束缚、追求自由爱情的个性解放之路；暴露了封建礼教对人们幸福生活和美好理想的摧残，折射出人文主义的光辉。

· 价值影响 ·

《牡丹亭》在思想和艺术方面都达到了作者创作的最高水准，标志着明代传奇发展的最高峰，高度的思想性和艺术性使其成为中国戏剧文学发展史上的一个重要的里程碑，积极浪漫主义的表现方法对后世影响深远；运用大胆的想象、艺术的夸张和曲折离奇的戏剧情节，将现实社会同阴曹地府统一起来，将人与鬼统一起来，从而塑造了高度理想化的人物形象，表达了自己的理想和愿望，完成了反封建礼教的主题；浪漫主义和现实主义的高度统一，使《牡丹亭》成为后来文人学习、借鉴的一个典范。明代吕天成说："惊心动魄，且巧妙迭出，无境不新，真堪千古矣！"明代沈德符说："《牡丹亭梦》一出，家传户诵，几令《西厢》减价。"

《琵琶记》

·历史地位·

我国古代戏曲经典名著。

·作者简介·

高则诚(约1305~约1371),元代戏曲作家。名明,自号菜根道人。浙江瑞安人。出身书香门第,曾从名儒黄溍(jìn)游。为官清廉,官声颇佳。晚年隐居于宁波城东的栎社,以词曲自娱。其代表作为《琵琶记》。

·内容简介·

《琵琶记》以长期流传的民间戏文《赵贞女蔡二郎》为蓝本创作而成,全剧共42出,叙写东汉书生蔡伯喈(jiē)与赵五娘悲欢离合的爱情故事(蔡伯喈和赵五娘结婚才两个月,父亲硬逼他上京赶考。他本不留恋功名,愿意在家孝顺父母,但父母之命难违,只得上京应试。谁料一考就考中了状元。牛丞相见他英俊有才,便强以女儿许配。他辞婚、辞官均不成,终于被牛丞相招为女婿。时值荒年,公婆在家染病,五娘敬心侍奉汤药,历尽艰辛。她求得赈米,供养二老,自己却暗中吞糠(kāng)。年迈的双亲盼子不归,连气带饿，双双去世。五娘剪发出卖，才有钱埋葬公婆。蔡伯喈与牛小姐成婚后，虽然与牛小姐相敬如宾，彼此恩爱，但总是苦思双亲和五娘，终日闷闷不乐。牛小姐多次追问原因，才得知实情。五娘葬了公婆后，以琵琶卖唱，一路行乞，寻夫至京。经过千曲万折，五娘终得进入相府，在画馆与伯喈相会。最后在牛小姐的成全下，夫妻重圆，并一同回乡扫墓。是中国古代戏曲中的一部经典作品。其艺术特色主要是：结构完整巧妙，语言典雅生动，显示了文人的细腻目光和酣畅手法，是高度发达的中国抒情文学与戏剧艺术结合的作品。全剧典雅、完整、生动、浓郁，不论是在思想内容、人物形象上，还是在结构和语言方面，都有独特之处。

· 核心思想 ·

希望"为文人立心"，表明封建社会忠孝难以两全，在"全忠全孝"的同时又有一定批判；在宣传封建道德时，对于当时的黑暗现实也有所批判，暴露了封建社会的黑暗。

· 价值影响 ·

《琵琶记》成为南戏创作的范本，获得"曲祖""南曲之宗"的称誉，被称为戏文中的"绝唱"；文辞以本色为主而又文采斐然，把民间戏文与文人创作很好地结合起来，从而把南戏创作提高到艺术上比较成熟、雅俗共赏的新阶段，对后世的戏剧创作产生了深远的影响。自它以后，文人雅士、名公大臣纷纷起而制作戏文，以至蔚然成风。被译为法文、日文，传播国外。明代王世贞说："则诚所以冠绝诸剧者，不唯其琢句之工，使事之美而已，其体贴人情，委曲必尽；描写物态，仿佛如生；回答之际，了不见扭造：所以佳耳。"

《桃花扇》

·历史地位·

清代文学家孔尚任创作的传奇剧本。

·作者简介·

孔尚任（1648～1718），字聘之，又字季重，号东塘，别号岸堂，自称云亭山人。山东曲阜人，孔子六十四代孙，清初诗人、戏曲作家，继承了儒家的思想传统与学术，自幼留意礼、乐等学问，考证过乐律，为戏曲创作打下了音乐知识基础。世人将他与《长生殿》作者洪昇并论,称"南洪北孔"。其代表作为《桃花扇》。

· 内容简介 ·

《桃花扇》全剧44出,所写的是明代末年发生在南京的故事:明末复社名士侯方域侨寓南京,经朋友杨龙友介绍,与名妓李香君相识并订下终身。阉党阮大铖欲结交侯方域,托人送去丰盛的妆奁,被李香君严词拒绝,坚决退还。后侯方域为阮大铖谗害,被迫离开南京。避难于淮安漕抚史可法处,与香君分离。李自成进京,崇祯帝缢死煤山,阮大铖、马士英等拥立福王得势,大力逮捕复社诸人,并逼迫李香君嫁漕抚田仰。香君坚决不从,血溅在与侯定情的一把宫扇上,后杨龙友在扇上点染成一枝桃花。清兵南下,国破家亡,李香君、侯方域在道观里会见,被道士点化后,双双出家归入道门。其艺术特色表现在:结构上,一根主线贯穿前后,戏剧冲突十分尖锐,但又细针密线,浑然一体;手法上,运用了对比,使剧情的发展更加引人入胜;叙事上,有着多条叙事线索的复合型叙事序列,经过互补叠加,绵密完整;人物形象上,塑造了上自帝王将相,下至歌伎艺人的二三十个性格鲜明的人物形象。《桃花扇》是一部接近历史真实的历史剧,重大事件均属真实,只在一些细节上作了艺术加工。

·核心思想·

全剧以侯方域、李香君的悲欢离合为主线，展现了明末南京的社会现实，揭露了弘光政权衰亡的原因，歌颂了对国家忠贞不渝的英雄和底层百姓，展现了明朝遗民的亡国之痛；此外，展示了在注定的悲剧结局下个人的命运史，通过爱情故事反映南明王朝旋立旋亡的历史，"借离合之情，写兴亡之感"。

·价值影响·

在抗日战争时期，剧作家欧阳予倩先生曾改编过这部剧本，将结尾改成侯方域剃发留辫，改换清服入仕，找到李香君后，李香君愤而与其断交，以讽喻当时的卖国汉奸汪精卫之流。1964年剧作家梅阡、孙敬把它改编成电影剧本，采用的是欧阳予倩剧本的结尾。300年来，《桃花扇》长盛不衰，已经被改编成黄梅戏、京剧、话剧多个剧种，频频上演。《桃花扇》与主流的大团圆结局戏曲不同，是少数能够将悲剧精神贯彻到底的作品之一，通过人物的悲剧性结局更加清晰和残忍地向人们展示生活中存在的对立和分裂。刘凡说："奇而真，趣而正，谐而雅，丽而清，密而淡，词家能事毕矣。后作者，未有盛于此本，可为名世一宝。"梁启超说："但以结构之精严，文藻之壮丽，寄托之遥深论之，窃谓孔云亭《桃花扇》冠绝前古矣！"

《长生殿》

·历史地位·

一部浪漫的爱情剧。

·作者简介·

洪昇（1645～1704），字昉（fǎng）思，号稗畦（bài-qí），又号稗村、南屏樵（qiáo）者。汉族，浙江钱塘（今浙江省杭州市）人，清代戏曲家、诗人。历经20年科举不第，白衣终身。他的代表作《长生殿》历经10年，三易其稿，于康熙二十七年（1688）问世后引起社会轰动。后人有"可怜一曲《长生殿》，断送功名到白头"之叹。与《桃花扇》作者孔尚任并称"南洪北孔"。其代表作为《长生殿》。

·内容简介·

《长生殿》历10余年始成，共2卷，50出，取材自唐代诗人白居易的长诗《长恨歌》和元代剧作家白朴的剧作《梧桐雨》，讲的是唐玄宗和贵妃杨玉环之间的爱情故事：唐明皇和杨贵妃在长生殿起誓生生世世在一起，后来安史之乱起，杨贵妃丧命在马嵬坡。安史之乱后，玄宗怀念贵妃，派人上天入地寻找贵妃的灵魂。杨贵妃也深深惦念唐明皇，懊悔着自己生前的罪孽。后来两人在织女星等神仙的赞助下，在月宫中团圆。作者在原来题材上发挥，极大地增加了当时的社会和政治方面的内容，改造和充实了爱情故事。其艺术特色主要是：曲词优美，清丽流畅，刻画细致，抒情色彩浓郁；结构奇巧，交错发展，运用了对比的手法，形成强烈的对照；塑造了两个中心人物——唐明皇和杨贵妃，指出了封建统治者的堕落腐化，以及给人民带来的灾难。

· 核心思想 ·

描写了唐朝天宝年间皇帝昏庸、政治腐败给国家带来的巨大灾难，导致王朝覆灭；谴责了唐玄宗的穷奢极侈，又表现了对唐玄宗和杨玉环之间的爱情的同情，间接表达了对唐朝统治的同情，还寄托了对美好爱情的理想。

· **价值影响** ·

《长生殿》既是一部浪漫的爱情剧，又具有历史剧的特色，在表现唐明皇与杨贵妃爱情的同时，又展现了安史之乱及有关的社会政治情况，通过描写爱情在历史变乱中的丧失和由此引起的痛苦，渲染了个人命运为巨大的历史力量所摆布的哀伤。该剧写成后，清宫内廷常演此剧，其中片段被各种戏剧剧种改编，梅兰芳的京剧《贵妃醉酒》也是改编自《长生殿》。梁清标说："《长生殿》是一部闹热版的《牡丹亭》。"梁廷枏（nán）说："钱唐洪昉思昇撰《长生殿》，为千百年来曲中巨擘。以绝好题目，作绝大文章，学人、才人，一齐俯首。"叶堂："词极绮丽，宫谱亦谐，但性灵远逊临川。"

5 | 文论

《文心雕龙》

· 历史地位 ·

中国第一部系统的文学理论和文学批评巨著。

· 作者简介 ·

刘勰（xié）（约465～约532），字彦和，祖籍东莞郡莒县（今山东省日照市莒县）人。南朝梁时期大臣，文学理论家、文学批评家，刘宋越骑校尉刘尚之子。少时家贫，笃志好学，依靠名僧僧祐，学习儒家和佛家理论。撰写《文心雕龙》，得到宰相沈约称赞。《文心雕龙》引论古今文体及其作法，与刘知几《史通》、章学诚《文史通义》，并称文史批评三大名著，奠定了在中国文学批评史上的地位。

· 内容简介 ·

《文心雕龙》共10卷，50篇，分上、下两编，各

25篇，包括总论、文体论、创作论、批评论4个部分：总论含上编的《原道》至《辨骚》5篇，明确提出文学批评的根本原则，是全书的"文之枢纽"；文体论含上编的《明诗》至《书记》20篇，前10篇是论有韵之文，后10篇是叙无韵之笔；创作论含下编的《神思》至《总术》19篇，剖情析采，论述了文学创作的基本方法；批评鉴赏论含下编的《时序》至《程器》5篇，论述批评鉴赏的方法和态度，品评历代作家的才能与贡献等；最后1篇《序志》叙述作者写作此书的动机、态度和原则。其艺术特色主要是：论述语言精练，论述深刻（将深刻难懂的理论或复杂的流变过程以简明清晰的笔法呈现出来，运用简洁的语言将文学理论解释得深刻到位）；论述语言对仗严格，声律工整，体现出极高的文学性；结构严密，系统性强，逻辑性强。

· 核心思想 ·

包括文学创作在内的一切"文"的写作，归根结底都是对"道"的某种阐发；根据当时文坛对"文""笔"的基本划分，就有韵之"文"与无韵之"笔"的文体性质、发展简史、写作要点等进行了逐一讨论；多侧面地讨论了作文之"术"（写作的具体程序与方法）；分述了文章发展的历史、作者才德、鉴赏与批评等问题，提出了文学鉴赏方法"六观"："一观位体，二观置辞，三观通变，四观奇正，五观事义，六观宫商。"

·价值影响·

《文心雕龙》是中国现存最早的一部文章学论著，也是现存最早的一部用中文撰写的综合性的文学批评专著，不仅在中国文学史上有着重要的地位，在世界文艺理论史上也极为重要。书中以"原道""征圣""宗经"为主旨的文章学导论具有思想局限性，但文笔精致、叙述周详而又具有早期古典文论所罕见的理论色彩的文体、文术、批评诸论，补救了其思想基础的陈旧乏彩之弊，奠定了其在中国文学研究史尤其是批评史上的地位。所提出的一些文章品评概念（"风骨""神思""隐秀"等），在后来的传统文学批评中得到了广泛运用，并使文坛出现了一个空前繁荣昌盛的局面；对《文心雕龙》的研究形成专门的学术领域——"龙学"。早在9世纪初，《文心雕龙》的部分内容便流传海外，后来出版过多种《文心雕龙》原本和译本。范文澜说："刘勰以前……都只是各有所见，偏而不全。系统地、全面地、深入地讨论文学，《文心雕龙》实是唯一的一部大著作。"鲁迅先生认为该书可以和亚里士多德的《诗学》媲美。

《诗品》

·历史地位·

我国古代第一部诗歌评（理）论总集，历代诗话之祖。

·作者简介·

钟嵘（Zhōng Róng）（约468～约518），字仲伟，颍（yǐng）川长社（今河南省长葛市）人。出身世族，与兄钟屺（yì）、弟钟屿（yǔ）并好学。以撰著《诗品》，而成为与刘勰齐名的南朝文学批评大家。钟嵘是南朝齐梁时期最重要的一位诗歌理论批评家，其《诗品》代表了魏晋南北朝时期诗歌美学的最高成就。

·内容简介·

《诗品》又名《诗评》，是南朝文学批评家钟嵘创作的诗歌评论著作。《诗品》共3卷，选择自汉代至南朝梁的122位五言诗人，别其等第，分为上、中、下三品。上品包括李陵、班婕妤（jiéyú）等11人及无名氏古诗；中品包括秦嘉、徐淑等39人；下品包括班固、郦炎等72人。每品又依时代先后次序排列，一一予以品评，总体反映了当时喜好动人情感以及兼重风力和文采的审美观点，如称曹植为"骨气奇高，词采华茂，情兼雅怨，体被文质"。但是，在具体作品的品评中，过分强调前后作家间的继承关系，不免主观牵强，对作家作品的评说及品第排列也有不妥之处。其艺术特色主要是：品诗方法上，采用了历史批评与艺术鉴赏相结合的方法，凸显了钟嵘个人的诗学理想（从时代上论，推崇汉魏古诗，贬斥齐梁诸家；从风格上看，以《国风》一系诗风为正宗，而对以幽怨为特征的《楚辞》一系诗风不予过高的评价）；语言上，遣词造句方面颇具个人特色，善于运用形象鲜明的比喻和诗意盎然的词句，呈现出骈散结合、纯任自然的面貌；内容安排上，评述诗人时，穿插一些逸事佳话，堪与《世说新语》等六朝小说媲美。

·核心思想·

诗歌的产生源于"摇荡性情"，必须具有"感荡心灵"的效果；强调以"风力"为主干而以"丹采"为润饰，两者相互结合才能形成完美的风格；要求诗人在创作中必须"直寻",崇尚作品中所体现的"自然英旨"。此外,作者在诗体方面推崇五言诗,为传统的赋、比、兴三体作了新的诠解,明确把个体在社会生活中丰富的人生体验作为诗之本源的重要方面。

·价值影响·

《诗品》的出现是东汉魏晋南朝时期人物品第之风在文学研究领域内的直接反映,迥异时流而对近世诗坛所作的大胆批评,使其超越同时期一大批形式相似的艺术品题论著,成为南朝文化史上一部充满挑战气息的作品。从文学批评史的角度论,《诗品》品评历代诗人时所采用的特殊形式,为后人所效仿,成为历代诗话之祖。作为中国古代重要的诗学著作,自隋唐以后传播渐广,产生深远影响,刊刻抄校的版本众多,蹈袭模仿的情况明显,研究批评的内容丰富。《诗品》在日、韩等国也有着一定影响,日本高僧空海编纂的《文镜秘府论》就有对钟嵘的评价,还引录了《诗品》原文。刘师培说:"刘氏《文心雕龙》集论文之大成,钟氏《诗品》集论诗之大成。此二书所论,凡涉及文章得失及个人诗文得失者,均宜分类摘录。"

《二十四诗品》

·历史地位·

一部论诗专著,中国文学批评史上的经典名篇。

·作者简介·

司空图(837～907),河中虞乡(今山西省运城市永济市)人。晚唐诗人、诗论家,字表圣,自号知非子,又号耐辱居士。天祐元年(904),朱全忠召为礼部尚书,司空图佯装老朽不任事,被放还。后梁开平二年(908),唐哀帝被弑,他绝食而死,终年70岁。其代表作为《二十四诗品》。

·内容简介·

《二十四诗品》把诗歌的艺术风格和意境分为雄浑、冲淡、纤秾、沉着、高古、典雅、洗练、劲健、绮丽、自然、含蓄、豪放、精神、缜密、疏野、清奇、委曲、实境、悲慨、形容、超诣、飘逸、旷达、流动等24品类,每品用12句四言韵语来加以描述,也涉及作者的思想修养和写作手法,不同于《诗品》以品评作家作品源流等第为内容。其艺术特色主要是:采用特定的句型,以写景四言诗的形式,用种种形象来比拟、烘托不同的诗歌风格,在诗歌批评中建立了一种特殊的体裁;注意文字声韵上的技巧,运用切当的韵律,气韵贯通,流利畅达,极富音乐美;采用多样的比兴,富于形象性、思辨性和哲理性,具有极为丰富的"象外之象"和"韵外之致""味外之旨",达到了形象生动的表达效果。

·核心思想·

一是以道家哲学思想为基础,兼有佛家思想,充满了人与自然和谐之美,追求刚柔相济和天和之美;二是展现了生生不息、回环往复的生命流动之美;三是追求"象外之象,景外之景"。

·价值影响·

《二十四诗品》是盛唐诗歌各种美学风格的概括和总结,体现了司空图对诗歌艺术多样化的审美追求,是盛唐诗人的审美理想在诗学理论上的集中反映。它所描绘的24种诗歌风貌,从不同角度揭示了诗歌的意境创造,对唐以后的美学和诗学产生了极为深远的影响。它的诞生标志着中国古典美学和诗学在理论上已经步入成熟。在中国近古文学史上标榜"性灵"与"神韵"的两个重要流派,都从《二十四诗品》中寻找自己的理论依据。现代学者研究中国文学批评史和中国美学史，也都把《二十四诗品》看作意境诠释的典范。它既为当时的诗坛所重视，也对后来产生了极大的影响，成为中国文学批评史上的经典名篇。《四库总目提要》说它"所列诸体毕备，不主一格"，许印芳在跋中也说"其教人为诗，门户甚宽，不拘一格"。钱锺书说："除妄得真，寂而息照，此即神来之候。艺术家之会心，科学家之格言，哲学家之悟道，道学之因虚生白，佛家之因定发慧，莫不由此。"启功说："表圣诗品，妙言兴象，可赅众艺，宁止于诗。"

《六一诗话》

·历史地位·

中国最早的诗话，中国文学理论史上以"诗话"为名的第一部著作。

·作者简介·

欧阳修（1007～1072），字永叔，号醉翁，晚号六一居士，庐陵吉水（今属江西省）人。北宋古文运动的倡导者和领袖，唐宋八大家之一，其散文说理畅达，抒情委婉；其词婉丽，承袭南唐余风。著有《欧阳文忠公集》。

· 内容简介 ·

《六一诗话》原称《诗话》，又称《六一居士诗话》《欧公诗话》等。《六一诗话》共1卷，其言说方式正是"泛应曲当"，随事生说，各则诗话条目之间的排列并没有固定和必然的逻辑联系，却又有其一以贯之的诗学主张。其艺术特色主要表现在：在意义方面，主张应当事理真实，即所谓"事信"，艺术的真实应当与生活的真实相一致，反对只求好句而不顾事理是否真实可信；在言语方面，主张精工雕琢，反对不加修饰而过于浅俗；在言与意、事理与好句之间的关系上，主张"意新语工"。由于主张艺术真实应与生活真实相一致，欧阳修因此而认为诗歌可以具有史传著作的作用，可以使那些史传不载的人物"得所依托"，而名垂后世。

· 核心思想 ·

一是反对形式主义，主张写诗有真情实感；二是对前朝诗人进行客观评价，把李白和杜甫二人称为唐代诗坛双子星；三是主张诗歌创作要达到内容和形式的完美统一；四是看重诗中细节的真实与合理，写诗要有理有据，禁得住推敲。

· 价值影响 ·

《六一诗话》是我国文学理论史上以"诗话"为名的第一部著作，是至今可见最早的一部诗话集，其出现标志着诗歌创作在理论体系方面更加完善，对后世产生深远影响，司马光《温公续诗话》的"续"字，即续欧公，后来的诗话著作更如雨后春笋，成为我国文学理论的一种重要形式。《四库全书简明目录》指出："诗话莫盛于宋，其传于世者，以修此编为最古。其书以论文为主，而兼记本事。诸家诗话之体例，亦创于是编。"

《人间词话》

· 历史地位 ·

中国第一部融贯中西美学思想的文学批评名著。

· 作者简介 ·

王国维（1877~1927），1877年12月3日出生，世代清寒，早年屡应乡试不中，遂于戊戌风气变化之际弃绝科举，于1901年赴日本留学。后又在罗振玉推荐下执教，讲授哲学、心理学、伦理学等，埋头文学研究。1922年受聘北京大学国学门通讯导师。其代表作有《人间词话》等。

·内容简介·

在《人间词话》中，王国维根据其文艺观，把多种多样的艺术境界划分为三种基本形态："上焉者，意与境浑；其次，或以境胜，或以意胜。"《人间词话》提出了"境界说"，并成为作品的核心，统领其他论点，又是全书的脉络，沟通全部主张。王国维不仅把它视为创作原则，也把它当作批评标准，论断诗词的演变，评价词人的得失、作品的优劣、词品的高低，均从"境界"出发。此外，作者还提出，"理想派"与"写实派"常常互相结合起来，形成一种新的创作方法；进一步论说文艺创作必有取舍，有主观理想的注入，也离不开客观的材料和基本法则，现实主义与浪漫主义两种创作方法相结合也有其客观可能性。词中所写的形象（境界）都贯穿了作者的理想，按照作者的观点、感情来选择安排。

·核心思想·

提出了"境界说"，这既是王国维文艺批评的出发点,又是其文艺思想的总归宿;提出了情景交融的思想,系统阐述了艺术境界中"景"与"情"的关系,自觉地"探其本",完成了境界说的本质论;在诗人与现实的关系上,主张"诗人对宇宙人生,须入乎其内,又须出乎其外。入乎其内,故能写之;出乎其外,故能观之。入乎其内,故有生气;出乎其外,故有高致"。

· 价值影响 ·

《人间词话》比较科学地分析了"景"与"情"的关系和产生的各种现象,在中国文学批评史上第一次提出了"造境"与"写境"、"理想"与"写实"的问题。它与中国相袭已久之诗话、词话一类作品之体例、格式,并无显著的差别,并已初具理论体系,在旧日诗词论著中,称得上一部屈指可数的作品。甚至在以往词论界里,许多人把它奉为圭臬,把它的论点作为词学、美学的根据,影响深远。王国维的《人间词话》是晚清以来最有影响的著作之一,它用传统的词话形式及传统的概念、术语和思维逻辑,较为自然地融进了一些新的观念和方法,其总结的理论问题又具有相当普遍的意义。这就使它在当时新旧两代的读者中产生了重大反响,在中国近代文学批评史上具有崇高的地位。朱光潜说:"近二三十年来,就我个人所读过的来说,似以王静安先生的《人间词话》为最精到。"王攸欣说:"王国维寥寥几万字的《人间词话》和《红楼梦评论》比朱光潜洋洋百万字的体系建树在美学史上更有地位。"

扫码进入
☑ 口袋电子书架
☑ 经典文化题库
☑ 国学精读宝典
☑ 文化传承探宝